JN039733

現代保育内容研究シリーズ

保育・教育の実践研究

現代保育問題研究会［編］

保育をめぐる諸問題IV

一藝社

現代保育問題研究会・趣意書

　現代保育問題研究会（以下、本会という）は、子ども・保育・教育に関する現代的な諸課題・諸問題に深い関心を持ち、その課題に取り組み、問題を解決しようとする有志によって構成される会である。

　現代は、過去と比して、子どもを育てる親・保育者・教育者にとって決して育てやすい環境とはなっていない。むしろ、確固たる信念を持ち、明確な子ども観、保育の思想、教育哲学を持たなければ、時代の悪しき潮流に容易に流される危険な状況にあるといえる。

　日々世間をにぎわす世界的な諸問題、例えば、政治経済問題、国際問題、人権問題等の教育への影響などは、保育者や教育者に、様々な、また深刻な諸課題をつきつけているといわざるを得ない。

　わが国においては、こうした諸課題に応えるため、学習指導要領、幼稚園教育要領、保育所保育指針などが公布・実施されている。しかし、保育者・教育者は、こうした方針・施策にただ盲従するだけでは、保育者・教育者としての使命を全うすることはできない。つまり私たちは、自身で各種課題、また様々な方針・施策に対する確固たる見方・考え方、つまり「哲学」を持ち、現実の諸課題に取り組まなくてはならないのである。

　本会では、このような現下の教育・保育に関する諸課題の解決に関心のある人々に対して、広く門戸を開くものである。

　本会の目的は、こうした有志のために、積極的かつ建設的な提言を発する場を提供し、その提言を広く世間に公表するのを支援することにある。とりわけ本会は、極めて重要な価値を持ちながら、公表・発信する機会に恵まれない論考の公開を、積極的に支援することを最大の使命と

している。

　この目的・使命にしたがい、本会では、偏狭な視野、また極めて特殊な政治的・宗教的信条に基づく見解を持つものを除き、本会の趣旨に賛同する者を、特段の手続きを経ずに、会員とみなすこととする。

　本会は、上記の目的を達成し、その使命を遂行するために次の事業を行う。

　　1．各種の調査研究

　　2．教育実践の推進

　　3．研究会等の開催

　　4．刊行物の発行支援

　　5．その他、本会の目的達成に必要な事業

　本会の所在地は、東京都新宿区内藤町1-6　株式会社一藝社内にあり、同所に事務局を置く。本会は理事発議により、必要に応じて会議を開き、重要事項（事業計画、事業報告、担当人事その他）を審議する。

　なお、本会の理事は別紙のとおりである。　（平成30年3月1日起草）

（別紙）

現代保育問題研究会・理事（順不同）

まえがき

　現代社会の特徴、それを一言に集約すれば、多様性（ダイバーシティ）であろう。多様性と対照をなすのは、画一性（ユニフォーミティ）である。

　ある意味、現代は、人々が画一的に生きることが許されなくなった時代である。地球温暖化問題、環境破壊、国家間の紛争、AI の台頭、Society5.0の到来に代表されるように、そうした時代の変化は、かつてなかったほど、人々を激動のさなかに身を置くことを余儀なくした。またそうした変化は、多様な観点からものを見る必要性を喚起している。

　もちろん保育・教育の世界とて例外であるはずもない。現代の保育者、教育者は多様な面から、画一的なルーチンワークを繰り返すことが許されなくなっている。今に生きる保育者・教育者は常に自身がいかにあるべきか、そのあり方を絶えず模索し、真剣に追い求める必要に迫られている。現代保育研究会は、この問題意識にたって、昨今の保育者のあり方を広く模索している。

　例えば、私たちは、単に過去の遺産を子どもに伝承するだけではなく、過去の保育内容から未来の保育のあり方を探求する必要性に迫られている。同様に、私たちは、より質の高い保育実践をなすことが求められている。昨今、子どもの身体発達や生活習慣の変化は、かつてとは異なった様相を帯びてきている。またこれまで以上に、幼児期と学齢期の教育連携の課題が真剣に検討されている。

　近年、幼児の表現活動への取り組みの実績が日々新たな局面を切り開いてる。他方、大人同士の希薄な人間関係が幼児期にまで影響を及ぼしている。グローバル化により、我が国の資格制度は、他国からの学びに

よって新たな視点によって更新される可能性を秘めている。また特別に支援を必要とする幼児に日々接する保育者・教育者を育てるために、専門的な養成のあり方が検討されるべきである。

　本書は、こうした多様な保育・教育の諸問題を取り上げ、それらを深く考察することを目的に編まれたものである。このために、全国から、未来の保育・教育を担う気鋭の執筆者が筆をとることになった。

　本書は、特定の保育者養成科目の書名こそ採用していないが、広く現代の保育・教育課題を扱っているため、各講義・演習科目のメインのテキストとして、あるいはまたサブテキストとしても使用することができる。

　もちろん本書は、保育職・教職希望者だけではなく、現在まさに乳幼児と関わっている保育者、教育者にとっても、さらには、子育てに悪戦苦闘している家庭の人々にとっても、保育・教育の質を高めていくための良き題材を提供するに違いない。

　本書が保育・教育に携わり、このことに深く関心を持つ人々のための一助となれば、本研究会としても、これ以上のことはない。もちろん私たちとしても、本書のさらなるブラッシュアップを想定している。読者の皆様からの幅広いご意見を頂ければと考えている。

　最後に本研究会として、本書の企画をサポートし、後押しして刊行にまで導いて下さった一藝社の菊池会長、小野社長に心から感謝の意を表すこととしたい。

　2023年2月

　　　　　　　　　　　　　編者　現代保育問題研究会

現代保育内容研究シリーズ6
保育・教育の実践研究（保育をめぐる諸問題Ⅳ）●もくじ

第1章　今、求められる保育内容
―保育内容の過去・現在・未来―

第1節　保育内容の過去から現在

1　保育内容の歴史・思想

　1872（明治5）年の「学制」発布以降、我が国では近代教育制度が整えられ、1876（明治9）年には東京女子師範学校附属幼稚園が開園しました。幼稚園の保育内容・方法については、フレーベルの理論を根底にし、恩物を用いた保育実践が展開されました。ここに幼児教育の源流を見ることができますが、極度にフレーベル主義に傾倒した保育方法であったといえます。法的に保育内容が示されるようになったのが、1899（明治32）年の「幼稚園保育及設備規程」です。そこでは、保育内容として「遊嬉、唱歌、談話、手技」の4項目が示されました。これは、東京女子師範学校附属幼稚園設立以降、主流となっていたフレーベル主義からの脱却でもありました。その後は欧米の新教育（進歩主義教育）の隆盛と日本への導入、大正自由教育の展開など、子どもの遊び中心、子どもの興味や自由を尊重する保育内容が形成されていきました。1926（大正15）年に「幼稚園令」が発布され、保育内容は「遊戯、唱歌、観察、談話、手技等」と示されるようになりました。

　戦後は、教育基本法、学校教育法、児童福祉法が制定され、幼児教育分野においても、1948（昭和23）年に文部省より「保育要領―幼児教育の手びき―」が発行されました。保育内容は「楽しい幼児の経験」という副題がつけられ、「見学、リズム、休息、自由遊び、音楽、お話、絵画、

製作、自然観察、ごっこ遊び・劇遊び・人形芝居、健康保育、年中行事」の12項目が示されました。特徴は、「その出発点となるのは、子供の興味や要求であり、その通路となるのは子供の現実の生活である」と示されるように、子どもの興味や自由が最大限尊重されるという点です。1956（昭和31）年に「幼稚園教育要領」が誕生し、保育内容も「望ましい経験」として、「健康、社会、自然、言語、音楽リズム、絵画製作」の6領域が示されました。この「幼稚園教育要領」は、保育や育児の手引書的な性格だった「保育要領—幼児教育の手びき—」とは異なり、幼児教育の基準を示すという性格が強いものです。ここで示された6領域は、これまでの保育内容が精査され、非常にコンパクトにわかりやすくまとめられていましたが、保育現場では領域を教科のように捉える風潮が生まれ、本来の趣旨とは離れたものとなってしまいました。

　その反省もあり、1989（平成元）年の「幼稚園教育要領」改訂において、幼児教育は「幼児期の特性を踏まえ環境を通して行うものである」ことが明示され、保育内容も「健康、人間関係、環境、言葉、表現」の5領域になりました。この5領域は、詳細な部分は時代と共に変化していきますが、現在まで続いている保育内容です。6領域から5領域へという流れは、当時は画期的なものであったといえます。

2　現在の保育内容と新たな側面

　現行（2017（平成29）年告示）の「幼稚園教育要領」「保育所保育指針」における保育内容は、上記で示したように「健康、人間関係、環境、言葉、表現」の5領域です。「幼稚園教育要領」には、「各領域に示すねらいは、幼稚園における生活の全体を通じ、幼児が様々な体験を積み重ねる中で相互に関連をもちながら次第に達成に向かうものであること、内容は、幼児が環境に関わって展開する具体的な活動を通して総合的に指導されるものであることに留意しなければならない」と示されています。また「「幼児期の終わりまでに育ってほしい姿」が、ねらい及び内容に

基づく活動全体を通して資質・能力が育まれている幼児の幼稚園修了時の具体的な姿であることを踏まえ、指導を行う際に考慮するもの」としています。

「保育所保育指針」には、「保育における「養護」とは、子どもの生命の保持及び情緒の安定を図るために保育士等が行う援助や関わりであり、「教育」とは、子どもが健やかに成長し、その活動がより豊かに展開されるための発達の援助である」とし「保育士等が、「ねらい」及び「内容」を具体的に把握するため、主に教育に関わる側面からの視点を示しているが、実際の保育においては、養護と教育が一体となって展開されることに留意する必要がある」としています。

保育内容の「新たな側面」として、「乳児保育に関わるねらい及び内容」の中で「健やかに伸び伸びと育つ」「身近な人と気持ちが通じ合う」「身近なものと関わり感性が育つ」という3項目が示されるようになり、また「カリキュラム・マネジメント」や「主体的・対話的で深い学び」などが示されました。今まさにこういった「新たな側面」を視野に入れ保育内容を構成していかなければならない時代なのです。

第2節　保育内容の現在とその特徴

1　保育内容と「幼児期の終わりまでに育ってほしい姿」

（1）「幼児期の終わりまでに育ってほしい姿」とは何か

2017（平成29）年告示の「幼稚園教育要領」「保育所保育指針」から「幼児期の終わりまでに育ってほしい姿」が示されるようになり、話題となりました。保育内容を考える場合、この「幼児期の終わりまでに育ってほしい姿」は見過ごせないものです。

「幼稚園教育要領」には、「幼稚園においては、生きる力の基礎を育む

ため」、「幼稚園教育の基本を踏まえ、次に掲げる資質・能力を一体的に育むよう努めるものとする」とあり、「知識及び技能の基礎」「思考力、判断力、表現力等の基礎」「学びに向かう力、人間性等」が示されています。それを柱に、「幼児期の終わりまでに育ってほしい姿」は、「ねらい及び内容に基づく活動全体を通して資質・能力が育まれている幼児の幼稚園修了時の具体的な姿であり、教師が指導を行う際に考慮するもの」として、①健康な心と体、②自立心、③協同性、④道徳性・規範意識の芽生え、⑤社会生活との関わり、⑥思考力の芽生え、⑦自然との関わり・生命尊重、⑧数量や図形、標識や文字などへの関心・感覚、⑨言葉による伝え合い、⑩豊かな感性と表現の10項目が示されています。

（2）保育内容との関わり

　上述のように、保育者は、この10項目を見据えて、保育内容を構成していく必要があります。ただ、この10項目は、必ず達成しなければならない達成目標ではないという点に気を付けなければなりません。あくまでも「指導を行う際に考慮する事項」なのです。

　この10項目は、小学校教諭と内容を共有し連携しやすくするという面もあります。幼小における円滑な移行と情報共有は、小1プロブレムなどの問題の解決につながるものです。特に、幼児期の保育内容・方法が小学校の生活科と適切につながることが大切です。

　幼児教育から小学校教育、さらには中等教育まで一貫している視点として「生きる力」の育成があります。幼児期は「生きる力の基礎を育む」ことが目指されています。つまり、10項目を念頭におきながら、「生きる力」の基礎の形成を目指した保育内容を構成していく必要があるのです。

2　保育内容とカリキュラム・マネジメント

（1）カリキュラム・マネジメントとは何か

　カリキュラム・マネジメントは、2017（平成29）年告示の「幼稚園教

育要領」から示されるようになった概念です。「幼稚園教育要領」に、各幼稚園においては、全体的な計画にも留意しながら、「「幼児期の終わりまでに育ってほしい姿」を踏まえ教育課程を編成すること、教育課程の実施状況を評価してその改善を図っていくこと、教育課程の実施に必要な人的又は物的な体制を確保するとともにその改善を図っていくことなどを通して、教育課程に基づき組織的かつ計画的に各幼稚園の教育活動の質の向上を図っていくこと（以下「カリキュラム・マネジメント」という。）に努めるものとする」とあります。

「保育所保育指針」には、カリキュラム・マネジメントという言葉はありませんが、「保育の計画及び評価」という観点で示されています。保育所は、「各保育所の保育の方針や目標に基づき、子どもの発達過程を踏まえて、保育の内容が組織的・計画的に構成され、保育所の生活の全体を通して、総合的に展開されるよう、全体的な計画を作成しなければならない」としています。

つまり、カリキュラム・マネジメントとは、保育の「ねらい」や「内容」、または「方法」「計画」について、常にPDCA（Plan Do Check Act）サイクルを繰り返し、保育の質をより向上させていこうとする営みなのです。

（2）保育内容との関わり

カリキュラム・マネジメントについて、2016（平成28）年の中央教育審議会「幼稚園、小学校、中学校、高等学校及び特別支援学校の学習指導要領等の改善及び必要な方策等について（答申）」の中で、①保育・教育目標の達成に向けた保育・教育内容の組織化、②PDCAサイクルの確立、③人的・物的資源の活用の三つの側面から捉えていく必要があるとしています。幼稚園や保育所において、以上の三点は、これまでにも実践されてきたものですが、今後はより明確に実施していく必要があります。

保育内容を構成する要素として、地域の資源の活用は重要な意味をもっています。例えば、地域の消防署や図書館、地域の高齢者施設、商業施設、工場、または教会や神社、寺院、自然環境などは、子どもの経験の幅を大きく広げるものです。また、子どもの興味を刺激し、子どもの地域社会への眼を拓かせることになります。

3 保育内容と「主体的・対話的で深い学び」

（1）「主体的・対話的で深い学び」とは何か

「幼稚園教育要領」には、「幼児が様々な人やものとの関わりを通して、多様な体験をし、心身の調和のとれた発達を促すようにしていくこと。その際、幼児の発達に即して主体的・対話的で深い学びが実現するようにするとともに、心を動かされる体験が次の活動を生み出すことを考慮し、一つ一つの体験が相互に結び付き、幼稚園生活が充実するようにすること」とあります。この「主体的・対話的で深い学び」は、アクティブ・ラーニングが具現化されたものといえます（もともとアクティブ・ラーニングは、高等教育の分野で示された概念ですが、次第に保育・教育全般で使われるようになった用語です）。保育内容を構成する場合、この「主体的な学び」「対話的な学び」「深い学び」の三つの側面が相互に関係し合うようにする必要があります。

「主体的・対話的で深い学び」について、2016（平成28）年の文部科学省「幼児教育部会における審議の取りまとめ」では、①周囲の環境に興味や関心を持って積極的に働き掛け、見通しを持って粘り強く取り組み、自らの遊びを振り返って、期待を持ちながら、次につなげる「主体的な学び」が実現できるか、②他者との関わりを深める中で、自分の思いや考えを表現し、伝え合ったり、考えを出し合ったり、協力したりして自らの考えを広げ深める「対話的な学び」が実現できているか、③直接的・具体的な体験の中で、「見方・考え方」を働かせて対象と関わって心を動かし、幼児なりのやり方やペースで試行錯誤を繰り返し、生活

を意味あるものとして捉える「深い学び」が実現できているか、という
3点をあげています。

（2） 保育内容との関わり
―「人と関わる力」と「対話的な学び」を中心に―

近年、幼児教育において「人と関わる力の育成」が重視されています。
「保育所保育指針」の「保育の環境」の項目に、保育の環境について四
つの視点が示されていますが、その一つに「子どもが人と関わる力を育
てていくため、子ども自らが周囲の子どもや大人と関わっていくことが
できる環境を整えること」と示されています。この「人と関わる力」の
根幹となるのがコミュニケーション、いわゆる対話＝「対話的な学び」
といえます。

幼児期における「対話的な学び」を基盤とする「人と関わる力の育成」
は、「幼児期の終わりまでに育ってほしい姿」の協同性、道徳性・規範
意識の芽生え、社会生活との関わり、言葉による伝え合いなどの多くの
項目とも関わります。これからの保育は、子どもが自由に、自身の興味
に即して話し合いができる環境と保育者の適切な誘導が大切となってき
ます。

第3節　保育内容の未来とその対応

1　保育内容とICT

近年、ICT（Information and Communication Technology：情報通信
技術）を用いた保育が求められています。AI（Artificial Intelligence：
人工知能）、IoT（Internet of Things：モノのインターネット）、socity5.0
というキーワードは、現代における保育現場とのかかわりで考えていか

なければなりません。

　幼児教育に ICT が積極的に導入される背景として、2020（令和 2）年から小学校で始まったプログラミング教育があげられます。また、コロナ禍やパソコン、スマートフォンの普及も要因といえます。「幼稚園教育要領」には、「幼児期は直接的な体験が重要であることを踏まえ、視聴覚教材やコンピュータなど情報機器を活用する際には、幼稚園生活では得難い体験を補完するなど、幼児の体験との関連を考慮すること」と示されています。

　保育現場では、サイバードリーム（英語教育）やキュベット（プログラミング教育）などの ICT 教材やタブレットを用いた保育実践などが増えつつあります。例えば、動く絵本やプロジェクションマッピングを用いた発表会などの保育実践なども考えられます。また、登園管理や文書作成、セキュリティ管理、教職員の出勤管理などにも ICT は使用されています。今後は、ICT を如何に導入し使いこなせるのかという点も、「これからの保育者の専門性」として重要なものになるでしょう。加えて、ICT を用いた活動と子どもの直接経験を如何に相互的に取り入れていくことができるのかという点も大切になってきます。

2　保育内容と SDGs

　SDGs（持続可能な開発目標：Sustainable Development Goals）とは、2015（平成27）年の国連サミットで採択されたもので、2016（平成28）年から2030（令和12）年の間に達成するために掲げた目標のことです。その目標（ゴール）は、①貧困をなくそう、②飢餓をゼロに、③すべての人に健康と福祉を、④質の高い教育をみんなに、⑤ジェンダー平等を実現しよう、⑥安全な水とトイレを世界中に、⑦エネルギーをみんなにそしてクリーンに、⑧働きがいも経済成長も、⑨産業と技術革新の基盤をつくろう、⑩人や国の不平等をなくそう、⑪住み続けられるまちづくりを、⑫つくる責任つかう責任、⑬気候変動に具体的な対策を、⑭海の

豊かさを守ろう、⑮陸の豊かさも守ろう、⑯平和と公正をすべての人に、⑰パートナーシップで目標を達成しよう、の17項目です。この17の項目の中に169のターゲットがあります。これは、世界規模で動いていかなければならないものですが、一人一人、個人の取り組みも大切です。

　我が国においても、企業や学校でSDGsに取り組んでいますが、保育の現場でも見過ごせないものです。例えばペットボトルや牛乳パックの回収から製作までを遊びにするエコ活動、水を大切にする活動、みかんの皮で布を染める遊び、地域に花や木を植える活動なども保育におけるSDGs実践の一環です。ぜひ、章末の参考文献やインターネットなどで幼稚園・保育園のSDGs実践を調べてみてください。

3　コロナ後の保育内容

　2019（令和元）年末に報告された新型コロナウイルス（COVID-19）は、世界の人々の生活を一変させる事態となりました。同時に、保育・教育現場もそれに対応せざるを得ない状態となりました。

　ここで述べたいのは、手洗い・うがい・消毒などの衛生感覚を幼児期の子どもにどう形成させるのかということです。2019（令和元）年以降に生まれた子どもは、常に新型コロナウイルスと共にあり、大人がマスクをする生活、消毒をする生活、体調が悪ければPCR検査を受ける生活などの世界しか知らず、それが当たり前になっています。子どもは大人の真似をしますから、例えば指先ではなく手の甲でエレベーターのボタンを押したりします。むしろ消毒することを楽しんでいる傾向もあります。商業施設に入るとき「消毒したい」と言ったり、「マスクしたい」と言ったりする子どももいます。いわゆるパパ、ママと同じこと（真似）をしたいということです。子どもが食器洗いや掃除を真似や遊びの一環として行うのと似ています。

　したがって、衛生指導（教育）といっても、手洗い・うがい・消毒なども楽しみながら行っていく、遊びの一環として取り入れていくことが

基本なのです。また衛生感覚を培うための絵本や紙芝居（例えばバイ菌を洗い流すなど）を用いることも有効であるといえるでしょう。これからの保育は、幼児期からの適切な衛生指導（教育）が重要になってくるでしょう。

【引用・参考文献】

文部科学省『幼稚園教育要領〈平成29年告示〉』フレーベル館、2017年

厚生労働省『保育所保育指針〈平成29年告示〉』フレーベル館、2017年

内閣府・文部科学省・厚生労働省『幼保連携型認定こども園教育・保育要領〈平成29年告示〉』フレーベル館、2017年

池田幸代・田中謙編著『マネジメントする保育・教育カリキュラム』教育情報出版、2018年

中坪史典・山下文一・松井剛太・伊藤嘉余子・立花直樹編集委員『保育・幼児教育・子ども家庭福祉辞典』ミネルヴァ書房、2021年

髙橋弥生・大沢裕編著『幼児教育方法論』一藝社、2022年

秋山宏次郎監修『今日から実践保育で取り組むSDGs』新星出版社、2022年

第2章 質の高い保育・幼児教育実践の探究

第1節 保育・幼児教育の質をめぐる背景

1 保育・幼児教育の質をめぐる今日的課題

　質の高い幼児教育を提供することで、忍耐力や自己制御、自尊心などの非認知的能力を育み、将来の生活に大きな差を生じさせる効果があるとの研究成果をはじめ、幼児教育の重要性については、これまでも様々な場面で指摘がなされてきたところです。わが国においても、保育や幼児教育に対する公的投資がこれほど大きくなった時代はなく、同時にそれに見合うだけの質の高い教育が提供できているのか、保育・幼児教育の質の向上を求める声が強くなってきています。

　保育・幼児教育のあり方については、これまでにも、各自治体が中心となって議論が進められてきたところです。しかし、各自治体が目の前の課題についてどのように改善しようとしているのかについては、人口集中地域と過疎化が進行している地域など、地域の実情によって大きな違いがあります。そのため、各自治体の実情を踏まえて、保育・幼児教育の質の向上へと向かう具体的な方策を検討する際には、保育実践に直接携わる保育者等に限らず、地域の関係機関等、全ての関係者の間で、保育所や幼稚園等における保育の特色と基本的な考え方に関する理解を共有することが不可欠です。

　質の高い保育・幼児教育を実現する上での喫緊の課題は、まず、保育所保育指針や幼稚園教育要領等に示されている一人一人の人格を尊重し

た関わりや、保育所や幼稚園等における保育・幼児教育の目標・内容・
方法などに関する理解を関係者間で共有する仕組みをつくることです。
このことを前提に、各自治体には、その地域の全ての子どもに十分な保
育・教育を行うための質の方向性や目標の明確化を図り、それを可視化
するための指標や方法を開発していくことが求められます。

2 国際的な研究調査より示された保育の質を捉える視点

　OECD（Organisation for Economic Co-operation and Development：
経済協力開発機構）（2006）の実施した国際的な研究調査結果によれば、
保育・幼児教育の質は、**表1**に示したとおり、（1）国・政府が保育・
幼児教育政策に示す「方向性の質」、（2）保育・幼児教育の質を保障す
るための法律や規定などの「構造の質」、（3）要領等に示される「教育
理念と実践の質」、（4）地域ニーズへの応答性・質の改善・効果的なチー
ム形成に焦点を当てた「実施運営の質」、（5）保育者と子ども・子ども
同士の関係の温かさや相互作用の「プロセスの質」、（6）様々な発達的
側面における育ちとしての「成果の質」といった、多層的で多様な要素
によって成り立つものです。そのため、保育・幼児教育の質は、その国
の歴史的・文化的・社会的背景の下で形成されるものであることから、
一元的に定義することは困難であると指摘されてきました。

表1　保育・幼児教育の質の諸側面

保育・幼児教育質の諸側面	
方向性の質	国・政府が保育・幼児教育政策に示す方向性の質
構造の質	幼児教育の質を保障するための法律や規定などの構造の質
教育理念と 実践の質	幼稚園要領教育等に示される教育の理念と実践の質
実施運営の質	地域ニーズへの応答性、質の改善、効果的なチーム形成に焦点を当てた 各幼稚園等における運営管理の質
プロセスの質	保育者と子ども、子ども間の関係の温かさや相互作用の質
成果の質	子どもの様々な発達的側面における育ちの質

出典：OECD、2006年

3　国の検討会において示された保育の質を捉える視点

（1）わが国における保育の特色

　OECD による国際的な研究調査報告を背景に、近年、文部科学省では「幼児教育の実践の質向上に関する検討会」が、厚生労働省では「保育所等における保育の質の確保・向上に関する検討会」が実施されるなど、国における保育・幼児教育の質に関する議論が急激に進められています。

　例えば、厚生労働省の検討会による「議論のとりまとめ」では、「保育の質は多層的で多様な要素により成り立つものであり、保育の質の検討にあたっては、子どもを中心に考えることが最も基本的な視点である」と述べられています。そして、「子どもにとってどうか」という視点が、保育の質を考える上での基盤となり、「遊びの重視」「子ども一人一人の個性や発達の過程を尊重した関わりや配慮」「子ども相互の育ち合いの重視」等の視点が、わが国における保育の特色であることが明記されています。わが国の文化的・社会的背景を踏まえた「保育の質の基本的な考え方」が、ここに示されたのです。

　保育所等の保育において、遊びは重要な学びとして捉えられています。子どもが自らの心のままに思う存分、周囲の人や事物との多様な関わり合いを楽しむことには、心身の健全な発達に重要な体験が非常に多く含まれていると考えられているからです。また、保育者の援助のもと、子どもは他の子どもに興味や親しみを感じて一緒に遊ぶようになり、さらに、その遊びが発展していく過程では、子ども同士が影響を及ぼし合い、心身の様々な面で育ち合う姿が見られるようにもなります。このような遊びの意味と重要性を踏まえて、保育所等では、子どもの興味・関心に基づいた遊びと、それがより豊かな広がりと深まりをもって展開される過程に、子どもの発達を促す援助を位置づけることが重視されています。

（2）保育実践を捉える視点—子どもの体験の連続性—

　保育の実践にあたり、保育者が子どもに対する共感的・受容的な関わりを特に大切にしていることは、今後も継承すべき日本の保育の特徴です。その上で、厚生労働省の検討会では、保育所等においては幼児教育を行う施設としての「遊び」の意味とその重要性を、保育者をはじめ関係者の間で改めて共有することが求められると明示されています。

　保育所等の保育において目指しているものは、子どもが自ら環境に働きかけて、その子どもなりに試行錯誤を繰り返し、自ら発達に必要なものを獲得しようとするようになることです。このような子どもの姿は、子どもが自ら周囲の環境に働きかけて生み出した活動が、子どもの意識や必要感、興味などによって、連続性を保ちながら展開されることを通して育てられていくものです。子どもの体験の連続性を企図した保育の計画を、関係者間の理解と協働の下で構築することが、質の高い保育実践を実現する上での重要な視点となるのです。

第2節　質の高い保育・幼児教育実践の探究

1　実践事例「いちごを守ろう大作戦！」（2年保育5歳児4〜7月）

　質の高い保育実践は、どのような保育の過程に創出されていくのでしょうか。このことを明らかにするために、ここでは、2017（平成29）年度の市立M幼稚園における5歳児クラスの実践事例「いちごを守ろう大作戦！」（M幼稚園の2017年度「市立幼稚園教育研究会資料」より抜粋。事例1〜3）に基づいて考えてみたいと思います。

事例1：「わぁ、大変！雑草だらけ！」（4月14日）

　5歳児クラスのテラスには、昨年度に植えたいちごのプランターが並

んでいます。新学期が始まってから数日後のことです。保育者の提案で
いちごの様子を見に行ったA児・B児・C児の3名が、「わぁ、大変！
雑草だらけ！」と、大切ないちごが雑草に隠れてしまっていることに驚
き、「雑草は抜かなくっちゃいけないよ！」「栄養がとられちゃうよ！」「う
ん、雑草を抜こう！」と言いながら急いで雑草を引き抜き始めました。

D児：「何をしているの？」

A児：「いちごが雑草だらけになっているの！」

D児：「分かった。皆に知らせてくる！」

　D児から話を聞いた子どもたちが園庭に集まり、「僕も手伝う」「私も
やる」と、A児たちと一緒に雑草を引き抜き始めました。

保育者：「いちごの葉っぱがよく見えるようになったね」

E児：「いちごの葉っぱは三つ葉だね」

F児：「うん。そう。お花が咲き終わったらいちごができるんだよ」

G児：「小さい組にも食べさせてあげよう」

H児：「うん。おいしくなーれ、甘くな～れ」

事例2：「かかしって何？」（5月2日）

　いちごの周りを覆っていた雑草を引き抜いたことにより、育てている
いちごに対する子どもたちの思いも新たになり、いちごの生長を楽しみ
に世話をする姿も日ごとに増していきました。この日、少し色づき始め
たいちごを発見したA児は、そのことを保育者や友達に伝えた後、すぐ
にいちごを葉っぱの下に隠しました。カラスからいちごを守るためです。

B児：「カラスにいちごが食べられちゃうよ！」

保育者：「いちごを守るにはどうしたらいいかな？」

C児：「前の大きい組さんみたいにキラキラつけたら？」

D児：「いいね、キラキラが眩しくてカラスが逃げていくよ」

E児：「CDもキラキラしているから付けよう」

F児：「うん、いいね」

G児：「かかしは？」

　H児：「かかしって何？」

　G児：「（両手を広げて片足で立ち）かかしはこんなやつ」

　I児：「人間と間違えてカラスが逃げていくよ」

　H児：「それいいね、かかしを作ろう」

　C児たちは、昨年度の5歳児が実践していた"キラキラテープ大作戦"を思い出したようです。さらに、実際に畑のかかしを見たことのあるG児からは、"かかし作り"が提案されました。

　「いちごを守ろう」と考えを巡らせていた子どもたちの思いを受け止めた保育者は、この時のことを学級全体の場で取り上げました。

保育者：「かかしって本当に作れるのかな？」

　J児：「作れるよ！　服とか手袋があったらできる」

　K児：「見たことあるよ。絵に描いて持ってくるね！」

　L児：「おじいちゃんに聞いてくる！」

　少し難しいと思われることでも、身近な人に教えてもらって実現してきた経験がこれまでにもあったことから、"かかしもきっと作れるだろう"という見通しがもてたようです。また、知っている情報を伝え合う中で、子どもたちのかかし作りへのイメージも広がっていきました。このタイミングを捉えて、保育者が「かかしのことが少し分かってきたね。かかしを作るには、どんな物を用意したらいいかな？」と問いかけると、子どもたちからは、「長い棒が2本いる」「服もいる」「手袋も！」「帽子も！」「いらなくなった服を家で探してくる」といった返答がありました。

　このようにして、「いちごを守ろう大作戦」を成功させようとする子どものたちの思いは高まり、かかし作りへの探究が始まっていったのです。

事例3：「知恵を出し合ってかかし作り」（5月9日〜12日）

　かかし作りのことは家庭においても話題となり、連休明けには、小さ

くなった洋服や帽子、手袋、毛糸等、かかし作りに必要な材料を持参して意気揚々と登園してくる姿が見られました。かかしの作り方を家族から教えてもらったり、一緒にパソコンで調べたりすることによって、子どもたちのかかし作りへのイメージはより具体的になったようです。

　この日のかかし作りは、「かかしの頭は紙で作って、それを袋に入れたらよい」というA児の発言をきっかけに始まりました。「新聞を丸める－広げた新聞で包む－ガムテープで止める」というA児・B児・C児・D児4名の共同作業は、他の子どもたちにも広がり、そこでは「私は新聞を広げる係」「私はテープ係」と、役割分担も生まれました。また、「どんどん大きくしようよ！」「こんな感じかな？」と、友達とやりとりをしながらかかし作りへのイメージを共有していく姿も見られました。

　その隣では、十字に組み合わせた2本の紙筒を手に取り、「難しいね」と考え込んでいるE児とF児の姿がありました。家族や友達から得た情報を基に、E児とF児はかかしの手と足を作ろうとしているのです。「そうだ！　紐で括ろう」「先にガムテープを貼ってみよう」と、試行錯誤を繰り返した末に、紙筒は十字にしっかりと取り付けられました。

　頭と手足を取り付ける際にも、丸めた新聞紙の隙間を活用すると取り付けやすいことや、一人では難しい接着も友達と一緒に行えば可能になることに気付くなど、子どもたちの考える力と協力は発揮されました。

　次の日には、「かかしに服を着せよう」と試行錯誤する子どもたちから、いろいろなアイデアが生まれました。

A児：「頭からじゃ入らないね…」

B児：「じゃあ、下から着せてみよう」

C児：「やっぱり、前にチャックがあるといいよ」

D児：「そうだね、大きいけれど、腕まくりしたらいいと思うよ」

　いちごの近くにかかしを立てるにあたっては、倒れないようにするための方法を様々に考えました。いろいろと試した結果、子どもたちが選択したのは、バケツに土と水を入れて作った泥を固めるという方法でし

た。しかし、雨の日が続いた次の日には、かかしが倒れるという困難にも出合いました。紙筒でかかしの芯を作っていたためです。そのことに気付いた子どもたちは、「雨にも負けない棒で作ろう」と材料を探し求め、やがて、倉庫で見つけた竹を利用してかかしの修理を始めました。

「いちごを守ろう大作戦！」と称して探究・実践してきた子どもの経験は、ミニトマトやブロッコリーなどの野菜の栽培にも生かされました。「生長した野菜はカラスに食べられる」という自然界の出来事を受け止めた子どもたちは、キラキラ光るテープやCD、手作りの小さなかかしなどで野菜を守り、収穫への期待を高めていくこととなりました。

2　考察

以上に見てきた「いちごを守ろう大作戦！」は、驚いたり、不思議に思ったり、嬉しくなったり、悲しくなったり、楽しくなったり、面白いと思ったりなど、子どもたちの様々な情動や心情を伴う体験に基づいて深められてきたものです。このような情動や心情を伴う体験を、『幼稚園教育要領解説』では、「心を動かされる体験」と呼び、重視しています。

子どもの生活における一つ一つの体験は独立したものではなく、他の体験と関連性をもつことにより、体験が深まり、その結果、子どもの生活は充実したものとなります。そのため、保育者には、子どもの内面の成長につながる体験（「心を動かされる体験」）を見極め、その体験から連続的な子どもの生活を構築することが求められるのです。

「いちごを守ろう大作戦！」には、まず、"いちごを守りたい"という子どもの「心を動かされる体験」を捉え、その体験の意味を理解し、共感する保育者の存在がありました。その体験が子どもにとってどのような意味があるのかを理解しなければ、体験を次につなげることは不可能です。この理解に基づいた保育者の共感が、子どもたちの次の活動への意欲へとつながっていったのです。

また、保育者は、"いちごを守りたい"という子どもの思いやその意

味を学級全体で共有する場を設けました。学級の皆で課題を共有し、その解決に向かう方法を考え合い、実際に行動することによって、子どもの体験はつながりをもち、より豊かな学びとして育まれていきました。なお、いちごを守る方法を子どもが自ら考え、実際に行動していく過程には、子どもの興味や関心が追究できる環境の構成や子どもの探究を支える保育者の援助が欠かせません。子どもが自らの手で必要な材料を整え、考えた方法を試す姿の背景には、日々の出来事や遊びを子どもと共に振り返り、子ども同士の伝え合いを誘う保育者の存在がありました。

　さらに、子どもたちが思いを巡らせ、それを実現するために考え合う姿は、幼稚園と家庭との連携によって生み出されたものです。M幼稚園では、幼稚園での生活を子どもから家族へ伝えることを重視しています。またそれだけでなく、降園時や子どもの学びを可視化した資料を通して、子どもの体験の意味やその重要性を保護者と共有することにも力を注いできました。子どもたちがかかし作りへの見通しをもち、最後まで諦めずにやり遂げたのも、家族や地域の人々、小学生など、身近な人との関わりの中で様々なことを実現してきたこれまでの経験があったからです。

　質の高い保育実践を実現するには、子どもが諸感覚を働かせて遊びに没頭し、「心を動かされる体験」と出合えるような環境やそこでの子どもの心の動きに呼応する保育者の援助が不可欠です。また、保育者には、子どもの意図に基づいた一つ一つの体験が相互に関連性をもつように計画・実践することが求められます。このような保育の過程において、子どもの内面の成長につながるような深い学びが創出されていくのです。

第3節　質の高い保育・幼児教育実践の展望

　2021（令和3）年7月には、中央教育審議会の初等中等教育分科会が開催され、5歳児教育の共通プログラムの開発を始めることが決定され

ました。これは、幼稚園・保育所・認定こども園の類型にかかわらず、「ことばの力」など共通に育てたい力を養い、小学校教育への円滑な接続を目指そうというものです。すでに、「幼稚園教育要領」等においては、「幼児期の終わりまでに育ってほしい姿」として、「健康な心と体」や「自立心」「協同性」など10項目が示されています。このことを踏まえながら、共通プログラムの開発にあたっては、特に「ことばの力」「情報を活用する力」「探究心」を確実に育てていくための方法が検討されることとなります。

　共通プログラムは、五感を通じた体験や遊びなどを重視した内容から構想され、また、遊びの中で子どもが自ら考えたり、友達と協力したりする「学び方」についても考慮されて開発が進められています。これは、幼児教育の実践を創り出していく際の参考資料ともなるため、5歳児に一定の「学びの質」を保障する上での具体的な方策であるといえます。

　ただし、共通プログラムの成果をあげるには、全ての5歳児に保障する「共通の学び」をどのように解釈するのか、より一層の議論が必要です。また、幼児教育の質を捉える視点には、一定の基準や指標に照らして現状を確認し、必要な改善を図り、全ての現場において保障されるべき質と、実際の子どもの姿や保育実践の過程について対話を重ねながら意味や可能性を問い、追求していく質の両面があることにも留意する必要があります。

　共通プログラムの実践にあたっては、子ども自らが周囲の環境に働きかけ、そこで生み出された活動が、子どもの意識や必要観、興味などによって連続性を保ちながら展開されていくように、子どもの実態に即して絶えず改善していくという視点が欠かせません。また、プログラムの一つ一つが相互に関連性をもちながら、子どもの連続的な生活として計画・実践されることも必要です。各幼稚園等における教育課程の中にいかに共通プログラムを位置づけるのか、また、そのプログラムを活用して調和のとれた組織的・発展的な子どもの生活をいかに構築していくの

かなどの今後の課題を乗り越えていくことによって、共通プログラム構想は、「学びの質」保障への可能性を切り拓く基盤ともなり得ます。

【引用・参考文献】

OECD 2006 *Starting Strong Ⅱ*：OECD Publishing

星三和子・首藤美香子・大和洋子・一見真理子訳『OECD 保育白書 人生の始まりこそ強く：乳幼児期の教育とケア（ECEC）の国際比較』明石書店、2011年、pp.147-149

厚生労働省「保育所等における保育の質の確保・向上に関する検討会『議論のとりまとめ』」厚生労働省、2020年〈https://www.mhlw.go.jp/content/000647604.pdf〉（2022.9.6最終アクセス）

市立M幼稚園「市立幼稚園教育研究会資料」2017年

文部科学省『幼稚園教育要領解説 平成30年３月』フレーベル館、2018年

読売新聞オンライン「【独自】学習態度・学力ばらつき『小１問題』解消、文科省が５歳児に『教育プログラム』2021.7.6」〈https://www.yomiuri.co.jp/kyoiku/kyoiku/news/20210706-OYT1T50140/〉（2022.9.6 最終アクセス）

日本教育新聞「施設類型を超えた５歳児教育を 共通プログラムを検討2021.7.19」〈https://www.kyoiku-press.com/post-232431/〉（2022.9.6 最終アクセス）

第3章 子どもの発育発達と
スキャモンの発育曲線

はじめに

　身体の発育発達はすべてが同じ速度で進むというわけではなく、時期
や体内の組織、器官により異なります。スキャモン（Scammon, R. E.）は、
身体諸器官の発育発達を臓器の重さから大きく、リンパ系型、神経系型、
一般型、生殖型の４つに分類（**表1**）し、出生時から20歳までの発育増
加量を100とし、各年齢の増加量をその百分比で示しています。この章
では、子どもが成長していく中で現れる身体発育について、スキャモン
の諸属性の発育パターンを用いて各型の具体的な特徴をみていきます。

第1節　リンパ系型

　リンパ系型は、免疫力を向上させる扁
桃やリンパ節といったリンパ組織の発達
を示します。
　スキャモンは、とくに胸腺重量の増加
に関してグラフ化しました（**図1**）。出生
後から12～13歳頃まで急激に増大し、成
人値の２倍近くにもなりますが、思春期が
過ぎると次第に減少しはじめ、成人の大
きさにもどる発育パターンを示しました。

図1　スキャモンの発育曲線
（Scammon, 1927）

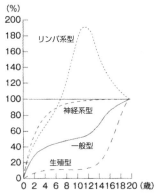

出典：現代保育内容研究会編『保育
の内容と方法』（現代保育内容
研究シリーズ2）

馬場（1967）は、リンパ系型の一例として、日本人の胸腺の発育を挙げ、胸腺は生後約6か月で出生時の2倍になり、7か月で3倍になりますが、以後思春期までほぼ同じ大きさを保ちその後、加齢とともに減少していくと述べています。

表1　各発育型に属する臓器・器官など

	臓器・器官など
リンパ系型	胸腺・リンパ節・扁桃・アデノイド 腸間リンパ組織
神経系型	脳・硬脳膜・脊髄 眼球・頭部計測値
一般型	全身・外的計測値（頭部を除く） 呼吸器・消化器・腎臓・大動脈ならびに肺動静脈 脾臓・筋肉系・骨格系・血液量
生殖型	睾丸・卵巣・副睾丸・子宮・前立腺・精嚢

出典：高石昌弘他『からだの発達改訂版－身体発達学へのアプローチ－』

第2節　神経系型

　神経系型の発育は、脳、運動能力、感覚器官など神経が多く分布する臓器の発育を示します。乳・幼児期に急激な発達がみられ、4～5歳までに成人の80％程度、6歳で90％、それ以降はゆっくりとした発達をし、12歳以降で100％に達します。

1　脳神経

　出生時の平均脳重量は、男子で370g、女子で345gであり、出生時体重の約12％です。一方、成人では男子で1450g、

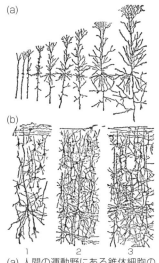

図2　脳の神経細胞の発達
（Sarkisov, Conel）

(a)

(b)

　（a）人間の運動野にある錐体細胞の樹状突起の発達
　（b）人間の手の運動野にある脳細胞のからみあいの発達
　　　1：生まれたとき、2：生後3か月、3：生後15か月
出典：高石昌弘他『からだの発達改訂版－身体発達学へのアプローチ－』

女子で1320gであり、体重の約2.5%です。出生後の脳重量の増加は神経細胞の増大、新しい樹状突起の出現、既存突起の肥厚、グリア細胞の増大と増加、毛細血管の増大などによります（図2）。

　出生後の脳の発育を特徴づけるのは樹状突起と軸索であり、樹状突起は発育しながら何本にも枝分かれをし、軸索も同様に発育しつつ側枝を出していきます。軸索と樹状突起は他の細胞体と結合し、シナプスを形成します。シナプスという接点を介して神経回路を形成し、神経情報の伝達と処理を行っています。

2　運動神経

　出生直後の新生児期の反射の出現と消失、そしてその後の新たな反射の形成は、ほぼ神経系の発達に対応していると考えられています。神経系の成熟はまず、生命維持に不可欠な脊髄や脳幹部から始まり、次第に末梢神経に進んでいきます。

　運動神経を司る神経系は、中枢神経系と末梢神経系に分けられます。中枢神経系は脳と脊髄からなり、脳には高度な思考を司る大脳皮質と、生命の維持に重要な働きをする脳幹があります。末梢神経は体性神経系と自律神経からなります。体性神経系には運動神経（中枢神経系から筋肉の収縮の命令を伝える）と感覚神経（中枢神経へ刺激を伝える）があります。自律神経系には交感神経と副交感神経があります。意識レベルの低い運動から、より意識的、思考的な運動が発現していきます。まず、無意識に行われる乳児の反射運動が発現、そして消失し、意識や思考を必要とする随意運動の発達に移行していきます。

　新生児期および乳児期に出現する反射はさまざまで、知覚や姿勢などに与えられた刺激が、大脳の統制を受けずに脊髄や脳幹に伝わって起こります（表2）。反射中枢が脊髄にある反射として、手掌把握反射、磁石反射、足踏み反射などがあります。

表2　反射からみた神経発達（前川）

中枢神経系の 成熟レベル	該当レベルでみられる反射および反応
脊　髄	plantar grasp magnet reaction (positive supporting reflex) withdrawal reflex crossed extenion reflex placing, stepping reflex palmar grasp
脊　髄 - 橋	symmetrical tonic neck reflex asymmetrical tonic neck reflex tonic labyrinthine reflex Moro reflex*
中脳、視床 （立ち直り反射）	neck righting reflex body righting reflex labyrinthine righting reflex optical righting reflex landau reflex* parachute reflex* **
大脳皮質 （平衡反応）	supine & prone における平行反応 （傾斜反応） four-foot kneelig における平衡反応と sitting における平衡反応 hopping における平衡反応 see-saw 反射

* 　一括して自動反応 automatic reaction にまとめている人もいる。
** 皮質の反応としている人もいる。

出典：高石昌弘他『からだの発達改訂版 − 身体発達学へのアプローチ −』

　手掌把握反射（palmar grasp reflex）は、手のひらを指で軽く圧迫すると圧迫された手の指が強く屈曲する反射です。また、磁石反射（magnet reaction reflex、陽性支持反射 positive supporting reflex）は、足を少し曲げたときに足先に指を触れるとその指に吸い付くように足が伸びていく反射です。足踏み反射（stepping reflex）は、両腋の下を手で支えて身体を垂直位に保持し、足底を床面に付けて身体を前へ動かしてやると、あたかも歩くような脚の交互運動を行う反射です。

　反射中枢が脳幹の橋にある反射として、緊張性頸反射（tonic neck reflex）があります。この反射では、頸を後屈させると両腕が伸展し両脚が屈曲します。また頸を前屈させると両腕が屈曲し両脚が伸展します。そして頭を横に向け頸がねじれると向けた方向の腕と脚は伸展し、反対

側の腕と脚は屈曲します。反射中枢が中脳や視床にある反射として、立ち直り反射（righting reflex）があります。この反射では、効果器として体肢のほかに頭や体幹が新たに加わり、より統合された姿勢反射を形成します。

　出生直後に出現する脊髄反射は生後2〜3か月で消失します。脳幹レベルの反射は生後6か月前後で消失し、中脳、視床レベルの反射が出現します。その後、大脳皮質レベルの反射が出現します。大脳皮質レベルの反射は、姿勢反射に平衡機能を与え、起立や歩行を可能にさせます。sitting における平衡反応は、座位の乳児を傾けると頭が立ち直り、傾けられたほうの胸と脚は身体を支えるために伸展する反射です。そして反対側の腕と脚はバランスをとるために屈曲します。また、hopping による平衡反応は立位の乳児を支えて前後左右方向へ動かすと、頭の立ち直りと同時に身体のバランスをとるため一方の足を踏み出す反射です。hopping による平衡反応が出現すれば立位での身体のバランス保持が容易となり、ひとり立ちや歩行が可能になります。

　随意運動の発達は、体幹や体肢などの大きな身体部分の運動の発達（粗大運動行動）と、指や声帯などの小さな部分の発達（微細運動行動）に大別できます。乳幼児の随意運動の発達は一般に頭部から始まり、上肢や体幹がそれに続き、そして下肢の順で進みます。上肢の発達は上腕、前腕、手、指といった順に体幹に近い部分から進んでいきます。

3　感覚神経

　情報を伝える働きをする五感（視覚、聴覚、味覚、嗅覚、皮膚感覚）が外界からの刺激を察知し、脳に情報を伝え、脳が認識、分析、調整、判断し、どの筋肉をどのように動かすかの指令を出します。感覚系の発達は末梢の感覚器、求心性神経経路、大脳レベルでの神経機構が統合されたものとしてとらえられています。幼児期前半までは、条件反射の利用や、具体的な運動の発達を観察することにより感覚系の発達が推定で

きます。ここでは、身体運動と関連が深い視覚、聴覚、触覚発達について
てみていきます。

（1）視覚

　視力の発達は胎児期から始まり（胎生26週：光に対する瞬目反射）、
出生後徐々に発達していきます。４歳頃でほぼ1.0になり、その後めざ
ましく進み、12～13歳で最高に達します（**表３、図３**）。出生後１日目
の新生児は強い光に対して反応を示し、明暗の知覚しかないのですが、
出生後６か月で色覚が発現し、12か月にはあらゆる色覚が備わります。
そして２歳になるといくつかの色が区別できるようになります（色彩感
覚）。奥行感覚（遠近感）は生後２か月で備わります。

表３　乳幼児期の視力の発達（鈴木）

第　１　月	光覚～眼前手動
2	眼前手動～0.01
3	0.01～0.02
4	0.02～0.05
6	0.04～0.08
10	0.1～0.15
１　　　年	0.2～0.25
１年６か月	0.4

出典：高石昌弘他『からだの発達改訂版
　　　－身体発達学へのアプローチ－』

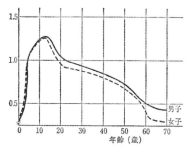

図３　視力の発達（飯塚ら）

出典：高石昌弘他『からだの発達改訂版
　　　－身体発達学へのアプローチ－』

（2）聴覚

　視覚と異なり子宮内でも胎児は聴覚刺激を受けています。新生児の耳
は、出生後数時間は鼓室に粘膜性の液が、耳管に羊水がつまっている状
態です。出生後３時間でガラガラ音、鈴などに反応を示し、６か月で音
の方向を聞き分けることができるようになり、音の左右方向の識別は12
～13歳まで発達し、その後は一定であるという研究結果があります。聴
力は年齢とともに発達していき、思春期から20歳前後で最高になります。

音色は出生後３か月で条件反射が成立します。男性よりも、女性の声に強く反応する傾向があり、女性の声を聞くと、胎児期から聞こえていたお母さんの声のように聴こえて反応することです。

（３）触覚

　触覚は出生直後の新生児においても十分に発達しています。触覚が最も鋭敏な部分である新生児の手指を、針状のもので圧刺激を加え感知可能な程度をみると、指先で２mm、指先以外の指の部分で3.7mm、手掌で7.7mm という報告があります。その発達に関しては、５〜６歳で成人と同じ閾値（いきち）を示す子どもがあり、少なくとも９歳では成人レベルになります。

　乳幼児ほど視覚による情報が優位にあり、触覚能力は日常の経験を積んでいくことで発達していきます。日常の遊びの中で経験を積むことで、３歳児において物の大小を触覚のみで判別できるまでに発達します。

第3節　一般型

　２重Ｓ字カーブと呼ばれるカーブを描くもので、身長・体重、骨格、筋肉、内臓が含まれます。乳幼児期まで急速に発達し、その後は次第に緩やかになり、二次性徴が出現し始める思春期に再び急激に発達します。思春期以降に再び発育のスパートがみられ、成人のレベルになります。

1　身長と体重

　シュトラッツ（Stratz, C. H.）は身体比率について、乳幼児では、頭囲の発育量が他の部分に比べて大きいが、次第に他の部分の発育量が上回り、比率は小さくなると述べています。また、０歳を乳児期、１歳から４歳までを第１充実期、５歳から７歳を第１伸長期、８歳から10歳を第２充実期、10歳から15歳を第２伸長期、そして15歳以後を第３充実期

として発育期を区分しました。

　出生時の平均身長は約50cmで、生後２～３か月の成長は著しく、この間に約10cmも伸びます。生後１年で約1.5倍となり、乳児期の発育量は生涯のうちで最も大きいです。４年後に２倍、15歳頃に３倍となります。出生時の平均体重は約３kg、３～４か月で、約２倍になり、１年で約３倍、２年で４倍、４年でおよそ５倍になります。体重は、乳幼児の総合的な健康状態や栄養状態を推測する目安となります。栄養状態の良い時は発育が増加傾向になりますが、食欲不振など栄養摂取が不十分な時は減少傾向を示します。また、体重は身長に比べ環境などの後天的な影響を受けやすいです。

2　骨格

　骨は、その構成によって体型を表し、身体の発育発達の中心を成しています。骨の数は、出生時に270個、14歳ころまでに350個に増加します

図４　骨成熟度（骨年齢）の標価基準模型図

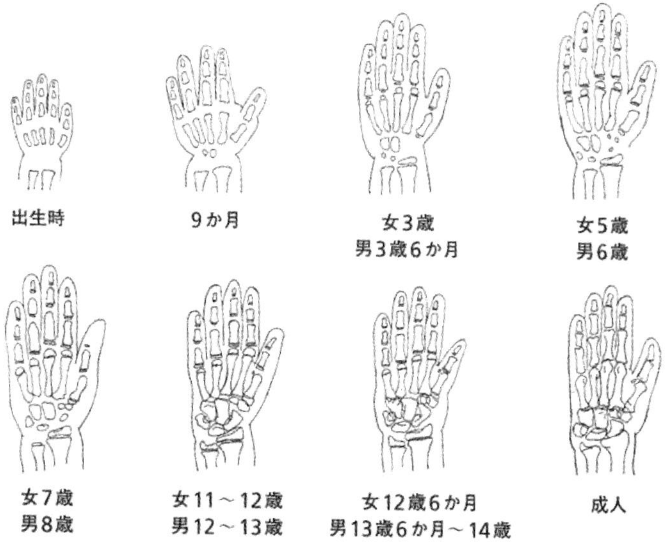

出生時　　　　　9か月　　　　　女３歳　　　　　女５歳
　　　　　　　　　　　　　　　男３歳６か月　　　男６歳

女７歳　　　女11～12歳　　　女12歳６か月　　　成人
男８歳　　　男12～13歳　　　男13歳６か月～14歳

出典：井狩芳子『保育内容健康』

（**図４**）。青年期の後期から次第に減少し、40歳ころで出生時より少なく206個となります。

　骨の発育は、筋肉や神経と同様に、運動機能の発達にとって重要なものとなっています。幼児期には軟骨が多く、骨化によって骨格が形成されていきます。骨の形成は運動刺激により促され、運動機能の発達とともに進み、運動機能がよりスムーズに作用するように複雑で組織的なものへと形成が進んでいきます。骨の発育が進むことによって、それまでできなかった動きができるようになり、そのことによって形成がさらに促進されていきます。

　頭囲は頭蓋の発育状況を知ることができます。出生時の平均頭囲は、33cmで１年後約45cmとなり、５歳半で50cmとなります。出生時は胸囲よりも１cm大きい値ですが、１年後はほぼ同じになり、その後は胸囲の方が大きくなります。胸囲は、心臓や肺を包み保護する胸郭の測定値であり、呼吸循環機能の発達を知る手がかりになります。出生時の平均胸囲は32cmで、頭囲よりもやや小さい値で、１年後には約45cmとなり、頭囲とほぼ同じ大きさになります。

　新生児の頭蓋骨には、泉門（隙間）があります。前頭骨と頭頂骨の隙間を大泉門、頭頂骨と後頭骨の隙間を小泉門とよび、大泉門は生後９か月頃から徐々に小さくなり始め、１歳半頃に閉鎖します。小泉門は、生後６週頃に閉鎖します。

3　筋肉

　筋肉には、骨格につく骨格筋（横紋筋ともいう）、内臓を構成する平滑筋、心臓を構成する心筋があります。姿勢保持、呼吸、内臓の消化運動、心臓の血液拍出などにおいて、筋肉の働きはきわめて多様であり重要です。筋肉の全体重に対する割合は、出生時に約23％、８歳で約27％、15歳では33％となり成人に至るまでの筋肉量は40倍に増加します。筋肉量の発育発達は、体重の発育発達に比べると遅れていますが、思春期

以降加速度的に増加します。また、幼児では筋肉の70％が水、30％が固形分であり、柔軟で弾力はあるが抵抗力が少ないので、この時期の過度な運動による負荷は危険です。

4 内臓

内臓の発達は胸囲、胴囲、腹囲などの成長に大きく影響し、思春期前までは、圧倒的に内臓の発達に左右されているとみなすことができ、特に胸囲は肺や心臓などの発達の指標として用いられています。

心臓は形態の発育に伴い大きくなり、重量も増加します。出生時の心拍数は、毎分110～140回くらいであり、乳児110～130回、幼児90～120回、学童80～90回と年齢が進むにしたがって減少し続け、成人までに65～75回に減少します。心臓の未発達な状況を心拍数で補っていたものが、心拍出量が約10倍になることによりその必要がなくなるためです。

肺の発育発達は、呼吸数の年齢的変化で推測することができます。心拍数と同様に呼吸数も生まれた時は多いです。呼吸数は生後１か月で40～45回であるが、乳児30～40回、幼児20～30回、学童18～20回、成人になると16～18回くらいになります。これは肺の弾力組織が増えて肺の容量が大きくなるためです。

第**4**節 **生殖型**

生殖型は神経系型と対照的で、出生後しばらくの間はほとんど成長せず、思春期になって突然急激に成長する型です。睾丸・陰茎・卵巣・子宮などがこれに属します。これらの器官は性ホルモンによって成長します。性ホルモンの分泌を促がす内分泌腺には、脳下垂体、甲状腺、胸腺、副腎などがあります。さらに、性ホルモンによって成長が促進されるような器官や体部（女子の乳房・皮下脂肪・骨盤、男子の筋肉・肩峰幅・

ひげ）は、すべてこの型か、この型に近い成長パターンを示します。

　内分泌系の機能は各種ホルモンのバランスによって体内諸条件を正常に維持していくことに加えて、さまざまな身体発育面や第二次性徴の発現とかかわってきわめて重要なものです。発育は多くのホルモンのバランスの上に成り立っているのですが、とくに思春期前において成長ホルモンと甲状腺ホルモンの役割は大きいです。

1 　成長ホルモン（Human Growth Hormone）

　脳下垂体前葉から分泌されるホルモンであり、蛋白質代謝、脂質代謝、糖質代謝その他発育に欠くことができないものです。成長ホルモンは直接骨に作用するのではなく、肝臓に働きかけ産生された somatomedin（ソマトメジン：血液中に存在する細胞成長因子の１種）が骨の発育を促すと考えられています。

2 　甲状腺ホルモン（Thyroxin）

　甲状腺から分泌されるホルモンであり、脳下垂体前葉から分泌される甲状腺刺激ホルモンによって調節されています。甲状腺ホルモンは身体の代謝速度を調節し、成長ホルモンとともに骨発育にとって非常に重要です。成長ホルモンは骨の長軸方向への発育のみを促進するのに対し、甲状腺ホルモンは骨の長軸方向への発育を促すとともに、骨端線閉鎖と骨成熟の作用を有します。

3 　ステロイドホルモン

　副腎皮質、性腺（男子では睾丸、女子では卵巣）から分泌され、思春期における第二次性徴発現に重大な役割を果たしています。思春期における発育促進は男女とも男性ホルモンの働きによります。

　睾丸や副腎皮質から分泌される男性ホルモン（androgen）は強い蛋白同化作用をもっており、筋肉や骨の蛋白合成を促進し、いわゆる、男

らしい体格をつくり上げていきます。一方、卵巣や副腎皮質から分泌される女性ホルモン（estrogen、progesterone）は肌を健やかに保ち、女らしい体格をつくり上げていきます。また、骨粗鬆症などの生活習慣病から身を守り、排卵や月経を起こし基礎体温を上下させます。思春期が近づくとエストロゲンの分泌が増加しはじめ、初潮を迎えます。20〜30歳代は女性ホルモンが最も安定する成熟期であり、閉経前後で女性ホルモンが急激に減少します。

【引用・参考文献】

高石昌弘、樋口満、小島武次『からだの発達改訂版―身体発達学へのアプローチ―』大修館書店、1981年

杉原隆編著『生涯スポーツの心理学』福村出版、2011年

常石秀市「感覚器の成長・発達」『バイオメカニズム学会誌，Vol. 32, No. 2』2008年

馬場一雄編『成長の形態学』医学書院、1967年

鈴木美枝子編著、内山有子・田中和香菜・両角理恵『これだけはおさえたい！保育者のための「子どもの保健」』創成社、2015年

安倍大輔・井筒紫乃・川田裕次郎監修『新版 保育者をめざす保育内容「健康」』圭文社、2019年

井狩芳子『演習保育内容健康』萌文書林、2018年

現代保育問題研究会編『保育の内容と方法』（現代保育内容研究シリーズ 2）一藝社、2018年

第4章 乳幼児における 睡眠習慣の諸問題

第1節 睡眠とは

1 なぜ睡眠が必要か

　「なぜ、睡眠が必要なのだろうか。」と考えることは、なかなかないと思います。人間だけに限らず、どんな生物でも、生きる上で不可欠なのが睡眠なので、改めて「なぜ必要か」と考えることはないでしょう。しかし、その睡眠が、どれだけ必要なことなのか、知っておかなければなりません。また、それが、乳幼児期から大切なことであり、特に大事な時期であれば、保育者としては知っておく必要があると思います。これをきっかけに、改めて、睡眠の大切さを見直してほしいと考えています。

2 睡眠の仕組み

（1）生理現象としての睡眠

　睡眠とは、生きていく上で必要な、生理現象の一つです。その睡眠にも、2種類の睡眠があります。「ノンレム睡眠」と、「レム睡眠」です。この言葉は、聞いたことがある人も多いのではないでしょうか。この2種類の睡眠を簡単に説明すると、ノンレム睡眠は、脳が休んでいる状態の深い眠りのことで、レム睡眠は、寝ている間でも脳が活動しており、眼球がぐるぐると動いている状態のことを言います。脳が動いている時なので、夢を見るのも、このレム睡眠の時です。一見、これだけ見ると、睡眠中でも活動しているレム睡眠は良くない睡眠で、ノンレム睡眠だけ

が休めている良い睡眠のように読み取れるかもしれません。しかしそうではなく、どちらの睡眠も、それぞれの役割があります。

（2）ノンレム睡眠

　ノンレム睡眠は、前述したように脳も眠っている状態です。体も脳も休んで、回復が行われています。また、成長ホルモンが分泌されるのもこの時です。骨や筋肉を作り、体を大きくするだけでなく、免疫力を高め、怪我や病気にも強くなります。そのため、成長発達が著しい乳幼児期において、とても大切なことになります。

（3）レム睡眠

　一方、レム睡眠は、脳が動いていると言いましたが、その時に脳は何をしているかというと、起きている時に学んだ知識や、経験して覚えたことを整理し、定着させているのです。また、嫌な記憶は脳の深い場所にしまい、思い起こしにくくもしています。乳幼児期は、見るもの・やること等、初めてのことばかりであり、その中でたくさんのことを学んでいきます。つまり、そういったたくさんの経験を、このレム睡眠の間に定着させて、成長しているのです。

3　子どもにとっての睡眠

　このように、どちらが良いかではなくそれぞれの役割があり、子どもは、レム睡眠で体を大きくし、ノンレム睡眠で知識を定着させて成長しており、どちらも必要な睡眠です。生まれた時から大事なことであり、むしろ低年齢の時の方が大切なことでもあります。

　生まれた直後の新生児は、1日の中で起きている時間よりも、眠っている時間の方が長いです。その後少しずつ起きていられる時間が増えて、眠っている時間より起きている時間の方が長くなります。子どもにとっては、眠ることが大きな仕事の一つだと言えるでしょう。

何もしなくても年齢を重ねていけば、自然と必要な睡眠時間が取れるようになっていきます。果たしてそうでしょうか。"何もしない"で勝手に、子どもが良い睡眠を取れるようになるでしょうか。例えば排泄に関して言えば、「トイレットトレーニング」と言われるように、子どもが一人で排泄ができるように教えます。しかし、睡眠においてはそのように、一からやり方を子どもに教えることはありません。また、親も子どもの眠りについてどのように教えるかや、どのような効果があるかを教わることはほとんどありません。子どもの成長発達にとって、とても大事な睡眠であるのに、そのことについて知らないのでは、健やかな発達を促すことができません。しかし残念ながら、「子どもが必ず健やかに成長するためには、このように睡眠をさせましょう。」という方法はありません。そのことを理解しながら、子どもの睡眠について知識を深める必要はあるのではないかと思います。

第2節　乳幼児の睡眠の現状

1　必要な睡眠時間

　子どもにとって必要な睡眠時間はどれくらいでしょう。それは、子どもによって様々であり、「これだけ睡眠時間をとれば問題はない」という答えはありません。参考として、必要とされる睡眠時間は、おおよそ以下のように言われています。新生児（生まれてから4週間未満）は14～17時間、乳児期（1歳未満）は12～15時間、1～2歳児は11～14時間、3～5歳児は10～13時間となっています。なお、児童期（6～13歳）は9～11時間と言われています。小児科医の教科書にもほぼ同様の時間が記されているそうです。

2 世界から見た日本の乳幼児の睡眠時間

　日本の乳幼児は、諸外国の乳幼児と比べると、平均睡眠時間が非常に短いとされています。また、それは乳幼児に限らず、我々大人も同様です。現代の日本は、「短眠大国」であると言われており、それが子どもの睡眠時間にも影響しています。子どもの睡眠時間は、大人、特に両親の生活や養育姿勢に大きく関係します。保護者の夜遅くまでの就労状況、共働き世帯の増加、大人の夜型の生活の浸透、親の価値観の変化などが、子どもにも影響し、睡眠時間が短くなっています。

　また、日本では、「寝ないことがすごい」という価値観があるような印象を受けます。児童期に、夜遅くまでの習い事や塾に通っている子どもを「遅くまで頑張ってえらいね。」と称賛したり、青年期に受験をする際、深夜まで勉強をすることが当然だと考えられていたりする風潮が日本にはあるように思います。筆者は、大学受験の頃に父親から「四当五落」という言葉を教えてもらったことを覚えています。4 時間しか寝ないで勉強を頑張った人は合格（当）し、5 時間も眠っていて勉強していない人は不合格（落）になるという意味です。当時はそれを聞いて、「なるほど」と聞き入れて頑張っていましたが、今になって考えると、逆効果だったのではないかとも思います。先述のように、レム睡眠の間に知識が整理され、定着されていくので、睡眠時間を短くするということは、そういった時間を削るということになってしまいます。

　このような考えは少しずつ変化して、そのように言われることも少なくなってきているようですが、まだ残っているようには感じています。そういった考えが、勉強は関係ないにしても、乳幼児に影響しているのではないかと考えられます。乳幼児期でも、その後でも、頭のいい子どもを育てるためには、眠らずに頑張らせるより、良い睡眠を確保してやることの方が、効果的であるような気がします。

3 現代の乳幼児の睡眠

（1）現代の子どもの睡眠時間

　では、実際に現代の子どもの睡眠時間はどのくらいか見てみましょう。2019年に谷田貝公昭氏らが乳幼児を対象に生活習慣について調査しました。平均睡眠時間の結果は**表1**となります。夜に就寝して朝に起床することを"夜間睡眠時間"とし、その時間に昼寝の時間を合わせたものが"合計睡眠時間"ということになっています。1歳0か月～2歳11か月のおおよその平均は11時間11分で、2歳0か月～5歳6か月のおおよその平均は10時間18分となります。前述の必要睡眠時間の枠にはかろうじて含まれます。しかし、あくまで平均ですので、もう1時間長い必要があるのではないかと考えます。

表1　睡眠時間

時期	合計睡眠時間	夜間睡眠時間
1歳0か月～5か月	11:14	9:53
1歳6か月～11か月	11:34	9:43
2歳0か月～5か月	11:08	9:32
2歳6か月～11か月	10:50	9:27
3歳0か月～5か月	10:28	9:42
3歳6か月～11か月	10:29	9:50
4歳0か月～5か月	10:22	9:58
4歳6か月～11か月	10:15	9:58
5歳0か月～5か月	10:13	10:00
5歳6か月～11か月	10:00	9:53
6歳0か月～5か月	9:54	9:34
6歳6か月～11か月	9:48	9:46

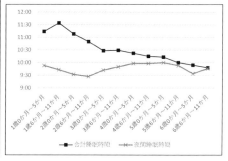

出典：谷田貝公昭・髙橋弥生『データでみる　幼児の基本的生活習慣～基本的生活習慣の発達基準に関する研究～』

（2）現代の子どもの就寝・起床時間

　続いて、現代の子どもの平均就寝・睡眠時間は、**表2**と**表3**になります。全体として、就寝時間は21時前後に集中しており、起床時間は6時30分～7時00分の間に入っています。1歳0か月の子どもも、6歳11か

月の子どもも、夜の就寝時間・朝の起床時間はおおよそ同じであることがわかります。先ほどの**表1**を見てもわかるように、夜間睡眠時間はほとんど変わりません。しかし、合計睡眠時間は、年齢が上がるにつれて短くなっていく傾向があります。つまり、昼寝によって睡眠時間が変化していることが読み取れます。昼寝の時間が、現代の子どもの睡眠時間に影響しているようです。

また、起床時間がほぼどの年齢でも同じなのは、現代の子どもはほとんどが保育園・幼稚園に通っているので、登園時間に合わせるためにおおよそ一定していることが考えられます。さらに、共働きの夫婦が増加しており、自身の仕事の出勤時間に合わせて子どもを起こしていることも推測できます。これらは、現代の子どもの睡眠にみられる特徴であると考えます。

表2　就寝時間

時期	就寝時間
1歳0か月〜5か月	20:49
1歳6か月〜11か月	20:58
2歳0か月〜5か月	21:04
2歳6か月〜11か月	21:12
3歳0か月〜5か月	20:57
3歳6か月〜11か月	20:58
4歳0か月〜5か月	20:46
4歳6か月〜11か月	20:47
5歳0か月〜5か月	20:48
5歳6か月〜11か月	20:52
6歳0か月〜5か月	20:54
6歳6か月〜11か月	21:00

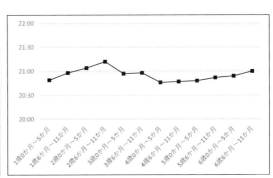

出典：谷田貝公昭・髙橋弥生『データでみる　幼児の基本的生活習慣〜基本的生活習慣の発達基準に関する研究〜』

表3　起床時間

時期	起床時間
1歳0か月～5か月	6:44
1歳6か月～11か月	6:40
2歳0か月～5か月	6:35
2歳6か月～11か月	6:39
3歳0か月～5か月	6:39
3歳6か月～11か月	6:47
4歳0か月～5か月	6:46
4歳6か月～11か月	6:45
5歳0か月～5か月	6:48
5歳6か月～11か月	6:45
6歳0か月～5か月	6:46
6歳6か月～11か月	6:46

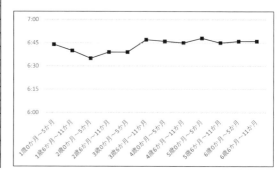

出典：谷田貝公昭・髙橋弥生『データでみる　幼児の基本的生活習慣～基本的生活習慣の発達基準に関する研究～』

4　過去の乳幼児の睡眠

（1）昔の子どもの睡眠時間

　「現代の子どもは睡眠時間が短くなっている。」と言われていますが、昔の子どもの睡眠時間はどうだったのでしょうか。今から約80年前の1935年に、山下俊郎が調査した結果があります。現代の子どもの、合計睡眠時間と夜間睡眠時間を比較するためにまとめたものが**表4**になります。合計睡眠時間を見ると、どの年齢段階でも約1時間短くなっています。また、夜間睡眠時間も同様に約1時間短いです。そのため、昼寝の時間は、現代も過去もほとんど同じだということがわかります。さらに参考程度ですが、山下氏の調査結果から就寝・起床時間のおおよその平均時間を調べてみると、起床時間は7時3分と現代とほぼ同じであるのに対し、就寝時間は8時2分と約1時間遅いことがわかりました。つまり、現代と過去の睡眠時間で異なるのは、就寝時間が遅くなっているということです。

表4 過去との比較

時期	現代 夜間睡眠時間	現代 合計睡眠時間	過去 夜間睡眠時間	過去 合計睡眠時間
1歳0か月〜11か月	9:48	11:24	10:53	12:22
2歳0か月〜11か月	9:29	10:59	10:55	11:40
3歳0か月〜11か月	9:46	10:28	10:58	11:18
4歳0か月〜11か月	9:58	10:19	10:52	10:55
5歳0か月〜11か月	9:56	10:07	10:54	10:55
6歳0か月〜11か月	9:49	9:51	10:49	10:49

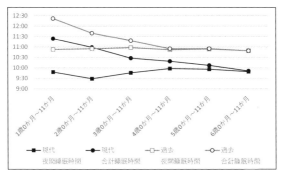

出典：谷田貝公昭・髙橋弥生『データでみる 幼児の基本的生活習慣〜基本的生活習慣の発達基準に関する研究〜』を基に筆者作成

（2）昔と今の違い

　改めて、必要な睡眠時間の基準と比較してみると、現代の子どもの平均時間は1時間短くなっていますが、昔の子どもはおおよその平均値を満たしていたということになります。それは、我々の生活様式が大きく変わっているからだと考えられます。昔は、日が落ちて暗くなったら眠る、朝日が昇り明るくなったら起きる、ということがどの家庭でも当たり前のように行われていたと思います。しかし現代は、夜暗くなっても、自宅の中は電気が点いて常に明るくなっているだけでなく、テレビ、スマートフォン、タブレット、ゲーム機等、明るい刺激に溢れています。さらに外では、24時間コンビニエンスストアは営業しているし、夜遅くまで営業している飲食店がほとんどであり、街中がきらびやかに灯されています。また、大人の就労状況も大きく変化し影響しているでしょう。

そんな中で、子どもが「外が暗くなったから寝よう。」とは思えないのは、至極当然のことかと思います。そのような現代社会で、昔のように、日が昇ったら起き、沈んだら眠るという、自然に合わせた本来の人の生活スタイルを実行するのは難しいと思います。しかしそれが、人として理想的な生活なのではないかと改めて考えさせられるのです。

第3節　睡眠習慣の問題と課題

1　良い睡眠をとるには

　ここまで、現代の睡眠の問題点を挙げてきましたが、では、どのようにすれば改善していくことができるでしょうか。

　第2節3項の就寝・起床時間でも述べたように、睡眠時間を長くするにも、保育園・幼稚園に登園する時間や、親が出勤する時間を遅くすることはできないので、起床時間は遅くすることはできません。昼寝を長くすることもできますが、その結果夜に眠れなくなってしまっては本末転倒です。そのため、就寝時間を早めるしかないのです。すると「うちの子は寝かせようとしても全然寝ようとしない。」と言う人もいるかと思います。しかし、年齢が高ければ高いほど、これまでに身に付けてきた習慣を変えるのですから、1日2日ですぐにできる訳がありません。根気強く続けることが大切です。その際、大人は子どもが眠れる環境を整えてやることが必要になります。

　子どもが眠れるようにするためにできることは、たくさんあります。三池輝久氏は、「新生児から乳幼児の良眠のための9のヒント」として示しています。

表5　良眠のための9つのヒント

①寝るときは部屋を暗くしよう。
②寝る前にテレビをみたりゲームをしたりさせないようにしよう。
③保護者も一緒に寝よう。
④寝る前の熱いお風呂は避けよう。
⑤寝る前の食事は避けよう。
⑥毎日、朝日をしっかり浴びよう。
⑦毎朝、朝ご飯をきちんと食べさせよう。
⑧ひるねは午後12〜3時までに済ませよう。
⑨昼間は楽しく活動させよう。

出典：三池輝久『子どもの夜ふかし脳への脅威』を基に筆者作成

　知っていることも予想外のことも、すぐ簡単にできそうなこともなかなか難しそうなこともあったのではないでしょうか。中でも特に "③保護者も一緒に寝よう。" というのは、想定外でもあり、なかなか実現させるのも難しいのではないかと思います。働いていて、定時ではなかなか終われない仕事であれば、子どもを8時台に寝かしつけて、同じ時間に保護者も眠るというのは不可能に近いことだと思います。しかし、子どもの生活リズムを形成・変化させるには、大人も一緒に変える必要があります。子どもは、大人を見て育つため、睡眠も同様で、一緒に眠ることで習慣として身に付いていきます。また、可能であれば、子どもを寝かしつけて、あとで大人だけ起きるのではなく、本当に一緒に眠るようにしてやってほしいのです。大人は明るいところでテレビを見ながら食事をして、子どもにだけ「寝なさい。」と言っても、寝ないことは容易に考えられます。

2　体内時計

　人間の体の中には誰にでも、「体内時計」があります。それは脳の中の視交叉上核というところにあります。英語では、"サーカディアンリズム" と言い、"24時間のリズム" という意味になります。そのリズム

によって、朝起きて、夜眠るという一日のリズムを作り出しています。また、その体内時計は、光を浴びるとアドレナリンやバソプレシンというストレスホルモンが出るように促して、時計が早くなり、暗くなるとメラトニンという別のホルモンが出るように促して時計がゆっくりになります。それにより、朝起きて、夜眠るというリズムが作られています。朝にすっきり起きて、夜にぐっすりと眠るために、朝の光を浴びることが大切であり、それは**表5**の⑥にも書かれています。このように、朝起きられない時だけでなく、夜すぐに眠れない時も、朝日を浴びてリズムを整えることが影響するため大切になります。

3 睡眠障害

このような体内時計にずれが生じ、24時間の地球のリズムに合わなくなり睡眠に問題が生じると、様々な健康上の問題、さらには発達の問題にも発展してしまう恐れがあります。「1歳半から就学前の子どもの睡眠障害の条件」として、三池氏が4つ示しています（**表6**）。

表6　睡眠障害

①夜7時から朝7時までにとるべきはずの、その子どもに必要な夜間の基本睡眠時間（9～11時間）が不足している。つまり、1日の「総睡眠時間（本章でいう「合計睡眠時間」と同じ）」が足りていない。 ②夜間の睡眠中に頻回に（3回以上、あるいは一度に30分以上）目が覚めてしまうという「リズム」の悪さによって、睡眠の「質」が確保できない。 ③日によって入眠時間と起床時間が90分以上、著しくばらついている。 ④寝つきが悪く、眠りにつくのが夜11時を越えてしまう。 　※睡眠障害とは言えないが、アトピー性皮膚炎や喘息などのアレルギー性疾患がある子どもの場合も十分な睡眠が得られない可能性があるので注意する。 ①から④は、良眠の3条件である「夜間基本睡眠時間」「リズム・質」「時間帯」の悪さを示している。 ①と②については、1つでも該当すると睡眠障害が疑われる。

出典：三池輝久『子どもの夜ふかし脳への脅威』を基に筆者作成

このように条件は挙げられていますが、判定するのは難しく、子ども
の睡眠と発達を熟知した医師による判定が必須となります。ですので、
すぐに条件に当てはまるから「うちの子は睡眠障害だ。」と判断しては
いけません。しかし、こうした睡眠障害であると、日常生活の中でも、
保育園・幼稚園へ行くのを嫌がったり、友達との間でトラブルが起こっ
たり、集団で行動することが苦手になったりと、いわゆる"気になる子
ども"のような、ささいな行動を起こすこともあるので注意が必要です。
　また、発達障害が睡眠に影響している可能性もあります。まだ解明さ
れておらず、はっきりとしていないことが多いようですが、発達障害と
睡眠の問題に、関係性はあると言えるようです。だからといって、睡眠
障害の子どもが全て発達障害であるということはありませんし、反対に、
発達障害の子どもであるから睡眠の問題が起こるということではありま
せん。しかし、睡眠障害の傾向がある場合は、発達について専門の医師
に相談する必要もあるかもしれません。

4　自身（子ども）の必要な睡眠時間

　本章第2節の1でも紹介しましたが、基準となる必要な睡眠時間はあ
りますが、本当にその人（子）にとって必要な睡眠時間はまちまちです。
本当に必要な睡眠時間を知っていれば、問題を解決するヒントにもなる
のではないでしょうか。必要な睡眠時間を知るためには、「記録」をと
ることです。方法は様々ありますが、基本的には起床時間と就寝時間を
毎日記録しましょう。グラフ形式で塗りつぶしていくのもわかりやすい
ですし、日記のように書いても良いかと思います。記録することは、起
床・就寝時間と、途中で起きた場合はその時間も記録しておきます。そ
して、1日の総睡眠時間を出しましょう。休日は、起きたくなるまで起
きません。そのまま結果を記録します。また、寝起き・寝つきが良かっ
た時や悪かった時も、それぞれメモしておくと、何らかの原因が後でわ
かるかもしれないので残しておくと良いです。それを2週間続け、1日

の平均睡眠時間を計算してみましょう。それが、あなたの必要な睡眠時間になります。子どもの必要な睡眠時間を調べる場合は、大人が記録してやる必要があるでしょう。こうしてわかった必要な睡眠時間を、どのように確保するかが大切です。起床時間が変えられないのはわかっていますので、就寝時間を変えます。こうして、何時に寝れば必要な睡眠時間が確保できるかを求めることができます。

　ここで気づいてほしいことは、休日に眠りたいだけ眠ることで、自身の必要な睡眠時間の平均を調べられるということです。よく聞かれる、休日の"寝だめ"、つまり、平日に睡眠時間が確保できない分を、休日に取っておくという考えは間違っていることがわかります。むしろ、平日に確保できない睡眠時間を休日にどうにか補って、生活することができていると言えるのです。そうならないようにするためにも、平日に睡眠時間を確保するよう努めることが求められます。

5　昼寝

　子どもの昼寝についても、同様のことが言えます。低年齢の子どもが昼寝をするのは、夜間睡眠時間だけでは十分ではなく、それを補うために必要としています。そのため、昼寝は子どもにとって必要な睡眠時間です。しかし、長すぎてしまったり、寝始めが遅くになってしまったりして、夜眠れなくなってしまうのでは、元も子もありません。昼寝をすることが良いか悪いかではなく、夜間の睡眠時間をしっかりと確保してやることの方が大切です。4歳を過ぎたあたりから、少しずつ昼寝の時間を短くして、就学に向けて昼寝が不要となるようにしてやると良いと思います。

6　基本的生活習慣としての睡眠習慣

　子どもの基本的生活習慣には、食事・睡眠・排泄・着脱衣・清潔の5つの習慣があります。その中の"睡眠の習慣"においては、様々な習慣

が関係しています。朝、お腹が空いて起きてきて朝食を取る"食事の習慣"、パジャマから私服や制服に着替え、寝る前にまた着替える"着脱衣の習慣"、起きた直後と寝る前の"排泄の習慣"、同じく起きた後と寝る前の歯を磨く"清潔の習慣"と、すべての基本的生活習慣に繋がっています。それだけ重要な生活習慣であるとも言えるでしょう。また、他の生活習慣が睡眠の習慣に影響しているとも言えます。余裕をもって朝起きて、しっかりと朝食を食べることによって、一日の力が蓄えられます。また、お腹が刺激されて排便も促されるでしょう。それらによって、日中は思い切り体を動かしながらたくさん遊ぶことができ、様々なことを学びます。たくさん動いたので、疲れて眠くなります。寝る前に、パジャマに着替え、歯を磨いて、すっきりしたきれいな状態で気持ちよく就寝できます。ぐっすり眠ることによって、ノンレム睡眠中に心身が成長し、レム睡眠中にこの日に学んだことが頭の中で整理され定着されていきます。そうして、また次の日の朝を迎えるのです。このように、習慣となることによって良い循環を生み出すことができます。この内、どこかでつまずいてしまうと、その後も悪循環になり、睡眠の習慣にも影響し、子どもの健やかな成長発達に影響を及ぼす恐れも出てきてしまいます。

　人は、眠くなれば眠りますが、子どもが眠れるような環境を作り、良い睡眠の習慣をつけてやるのは大人の役割です。特に、睡眠は日中活動する保育園や幼稚園では、なかなか直接指導することはできません。保育者は、保護者と連携しながら、子どもが十分に寝られるようにしてほしいと願っています。

　昔から「寝る子は育つ」と言いますが、昔の人に科学的根拠はなく、経験による感覚的なものだったのでしょう。しかし近年研究が進み、本当にその通りだということが明らかになってきているのだと思います。そうした先人の知識を大切にし、子どもの睡眠を改めて考え、我々大人が守ってやらなければならないと考えています。

【引用・参考文献】

谷田貝公昭・髙橋弥生『データでみる　幼児の基本的生活習慣〜基本的生活習慣の発達基準に関する研究〜』一藝社、2021年

山下俊郎『保育学講座5　幼児の生活指導』フレーベル館、1970年

三池輝久『子どもの夜ふかし　脳への脅威』集英社、2014年

渥美正彦『睡眠専門医が教える！子供が朝起きなくなったときに、親子で読む本』セルバ出版、2021年

成田奈緒子・上岡勇二『子どもが幸せになる「正しい睡眠」』産業編集センター、2019年

ポリー・ムーア『賢い子は1歳までの眠りで決まる』日本文芸社、2017年

第5章　幼小接続期の保育・教育と児童文化財

第1節　幼小接続期―幼児期年長

1　幼児期の終わりまでに育ってほしい姿

2017（平成29）年改訂の「幼稚園教育要領」、「保育所保育指針」、「幼保連携型認定こども園教育・保育要領」においては、幼稚園、保育所、幼保連携型認定こども園での幼児教育で育みたい資質・能力を「知識及び技能の基礎」「思考力、判断力、表現力等の基礎」「学びに向かう力、人間性等」の3つの柱から示し、生きる力の基礎を育むため、下記の資質・能力を一体的に育むよう努めることと明記されました。

・知識及び技能の基礎
　豊かな体験を通して、感じたり、気付いたり、分かったり、できるようになったりする。
・思考力、判断力、表現力等の基礎
　気付いたことや、できるようになったことなどを使い、考えたり、試したり、工夫したり、表現したりする。
・学びに向かう力、人間性等
　心情、意欲、態度が育つ中で、よりよい生活を営もうとする。

　また、修了時の具体的な姿を分かりやすく示すものとして、「幼児期の終わりまでに育ってほしい姿（10の姿）」を示し、指導を行う際に考

慮することと明記されました。

　具体的には、保育内容５領域から「健康な心と体」、「自立心」、「協同性」、「道徳性・規範意識の芽生え」、「社会生活との関わり」、「思考力の芽生え」、「自然との関わり・生命尊重」、「数量や図形、標識や文字などへの関心・感覚」、「言葉による伝え合い」、「豊かな感性と表現」について述べられていて、「ねらい」及び「内容」に基づく保育活動全体を通して資質・能力が育まれている子どもの幼児期の具体的な姿を示したものです。

　保育者は、幼児期年長までに「幼児期の終わりまでに育ってほしい姿」が育まれるように、幼児期の保育活動全体を通して、長期的展望を持って、保育を行うことが大切になっています。

2　幼児期の終わりまでに育ってほしい姿を意識した保育活動とは

　「幼児期の終わりまでに育ってほしい姿」を意識した保育活動とは、どのようなものでしょうか。

　保育内容「言葉」に関して示されているのは、「先生や友達と心を通わせる中で、絵本や物語などに親しみながら、豊かな言葉や表現を身に付け、経験したことや考えたことなどを言葉で伝えたり、相手の話を注意して聞いたりし、言葉による伝え合いを楽しむようになる」という姿です。

　このような保育活動を行うには、児童文化財を活用することが、有効です。

　絵本『おおきなかぶ』の読み聞かせを例にすると、絵本の登場人物に同化して、登場人物になりきって、かぶを引っ張ったり、登場人物の会話を想像して、台詞を作り、台詞の練習をしたりして、劇ごっこ、劇遊びとして、楽しまれていくというように、遊びの中で言語活動が充実していきます。

　幼稚園、保育園等で、ごっこ遊び、劇遊びなどの児童文化財を活用し

た言語活動が活発に行われていることは、小学校に入学してからの第1学年国語科『おおきなかぶ』の学習において、音読と動作化を取り入れた音読劇にと容易につなぐことができます。

このようにして、幼児期年長から小学校へと学びが連続していくのです。

幼児期の保育活動には、様々な児童文化財が活用されています。

絵本、図鑑、紙芝居、ストーリーテリング（お話・素話）、パネルシアター（Pペーパーで作った人形を用いた人形劇）、エプロンシアター（エプロンを舞台として、フェルト等で作った人形を操作して、物語や歌を展開する）、ペープサート（画用紙に絵を描いて作った人形を動かして演じる人形劇）、劇遊び、紙人形劇、指人形劇があります。

また、伝承遊び（わらべ歌、手遊び、数え歌、絵描き歌等）、言葉遊び（なぞなぞ、しりとり、伝言ゲーム、早口言葉、回文、ごっこ遊び等）などがあります。

絵本には、赤ちゃん絵本、言葉の絵本、昔話絵本、物語絵本、ポストモダン絵本、文字無し絵本、科学絵本、写真絵本、バリアフリー絵本、しかけ絵本、布絵本があります。

布絵本は、フェルトなどの布でできた絵本です。手作りなので、制作した人のぬくもりが感じられる児童文化財の一つです。

児童文化財は、幼稚園教育要領や保育所保育指針などに示されている保育のねらいや内容を達成させる保育教材として活用されています。

幼児期の積極的な児童文化財の活用が、小学校教育への円滑な学びの連続に役立っているのです。

第2節　幼小接続期—小学校低学年

1　幼児期の終わりの姿を踏まえた指導の工夫が示された経緯

　幼小接続期については、2008（平成20）年改訂の幼稚園教育要領では、「幼児と児童との交流、小学校教師との意見交換や合同の研究の機会を設けて連携を図る」として子どもや教師間の連携が重視されました。

　2010（平成22）年の幼児期の教育と小学校教育の円滑な接続の在り方に関する調査研究協力者会議での報告においては、2007（平成19）年の学校教育法改正で、幼稚園の目的「義務教育及びその後の教育の基礎を培う」ことを明記されてからの幼小接続に関する取り組みを振り返り、「重要性は認識しているが、その取り組みは、十分とはいえない」と述べています。そして、この状況を踏まえ、幼児期の教育と小学校教育の円滑な接続の在り方についての取りまとめを行いました。具体的には、「幼児期の終わりまでに育ってほしい幼児の具体的な姿」を参考例として示しました。また、「接続期」の期間については、「接続期は、（中略）幼児期全体と児童期全体を通じた子どもの発達や学びの連続性を意識することが必要であり、その中で、幼児期の年長から児童期（低学年）の期間における子どもの発達や学びの連続性を踏まえて、接続期を捉える必要がある」と述べています。このことから、幼小接続期の期間は、幼児期の年長から小学校低学年（1、2年生）ということになります。

　これらを踏まえて、2016（平成28）年、中央教育審議会は、「幼稚園、小学校、中学校、高等学校及び特別支援学校の学習指導要領等の改善及び必要な方策について（答申）」の中で、2010（平成22）年に取りまとめられた「幼児期の教育と小学校教育の円滑な接続の在り方について（報告）」を手掛かりに、資質・能力の三つの柱を踏まえつつ、明らかにしたものとして、「幼児期の終わりまでに育ってほしい姿」を示すとともに、「小学校低学年は、学びがゼロからスタートするわけでなく、幼児教育

で身に付けたことを生かしながら教科等の学びにつなぎ、子供たちの資質・能力を伸ばしていく時期である」と明記しました。

文部科学省は、2017（平成29）年改訂の小学校学習指導要領に、幼児期の教育との接続及び低学年における教育全体の充実（第1章第2節の4（1））「小学校においては、幼児期の終わりまでに育ってほしい姿を踏まえた指導を工夫することにより児童が主体的に自己を発揮しながら学びに向かい、幼児期の教育を通して育まれた資質・能力を更に伸ばしていくことができるようにすることが重要である」と述べています。

このような経緯で、小学校低学年では、幼児期の終わりまでに育ってほしい姿を踏まえた指導の工夫が求められることとなりました。

2　幼児期の終わりの姿を踏まえた指導の工夫とは

幼児期の終わりの姿を踏まえた指導の工夫とは、どのような授業でしょうか。

保育所、幼稚園等で、『おおきなかぶ』などの絵本の読み聞かせから発展して、ごっこ遊び、劇遊びなどの児童文化財を活用した言語活動が活発に行われていることを踏まえて、小学校に入学してからの第1学年国語科「物語」の授業においても、音読と動作化を取り入れた授業や音読劇を取り入れた授業が行われています。児童文化財を活用した言語活動が連続することで、幼児期年長から小学校へと学びが連続していくのです。

ここでの指導の工夫としては、幼稚園、保育所、認定こども園等で先生から読み聞かせをしてもらった体験やごっこ遊びや劇遊びをした体験を児童に想起させることで、楽しかった記憶がよみがえり、小学校の国語科学習に意欲的に取り組むことにつながります。

児童が主体的に過去の経験を語ることで、物語の構造と内容把握が促進されれば、幼児期の学びを小学校での学びへと円滑に連続させることが可能になっていきます。保育所・幼稚園等で毎日のように活用される児童文化財ですが、小学校教育では、一般的には、ほとんど活用されな

い印象を持たれているかもしれませんが、小学校でも児童文化財は活用されています。

2017（平成29）年改訂の小学校学習指導要領では、児童文化財に関して次のような内容が記載されています。国語科では、第1学年・第2学年の内容として、我が国の言語文化に関する次の事項を身に付けることができるよう指導するとあり、「昔話や神話・伝承などの読み聞かせを聞くなどして、我が国の伝統的な言語文化に親しむこと。」「長く親しまれている言葉遊びを通して、言葉の豊かさに気付くこと。」「読書に親しみ、いろいろな本があることを知ること。」が示されています。幼児期に伝承遊びや言葉遊び、絵本の読み聞かせを体験した子どもたちが、小学校に入学してからもこの楽しさを味わうことができることは、読書が好きになったり、読書習慣が身についたりできることにつながります。

また、読むことに関する事項を指導する言語活動として、「読み聞かせを聞いたり物語などを読んだりして、内容や感想などを伝え合ったり、演じたりする活動」「学校図書館などを利用し、図鑑や科学的なことについて書いた本などを読み、分かったことなどを説明する活動」が示されています。

国語科の文学的文章や説明的文章の学習では、単元学習の導入で、学級担任や学校司書から絵本の読み聞かせを聞いて、初発の感想を交流したり、発展学習として、学校図書館を利用して、同じ作者の絵本や児童書を並行読書したりして、楽しんで読書をし、国語を大切にして、思いや考えを伝え合おうとする態度を養うことができます。

特別の教科道徳の学習では、道徳教材を紙芝居にして提示することで、内容を把握しやすいようにしたり、ペープサートで、役割演技や一場面の劇を行い、興味・関心を持たせたり、心情の把握や道徳的価値の感得が容易にできるようにしたりします。

また、小学校には、朝の読書活動などに絵本の読み聞かせをしてくださる読書ボランティアの方々の存在があります。朝の読書活動で、絵本

や図鑑の読み聞かせをしたり、昼休みなどで、ペープサートやパネルシアター、ブラックシアター、エプロンシアターなどを演じたりしてくださっています。

このように、小学校では、教科・領域の学習等の教育活動において、様々な児童文化財が活用されています。

これまで、幼児期の教育と小学校教育との円滑な接続については、2008（平成20）年改訂の小学校学習指導要領解説生活編の中で、幼児期の学びから小学校教育への円滑な接続を目的としたカリキュラム編成の工夫として、スタートカリキュラムが示されてきました。

2017（平成29）年改訂の小学校学習指導要領においては、第1章総則で、低学年における教育全体において、幼児期の教育及び中学年以降の教育との円滑な接続を図る役割が生活科に期待されるとともに、「特に、小学校入学当初においては、（中略）生活科を中心に、合科的・関連的な指導や弾力的な時間割の設定など、指導の工夫や指導計画の作成を行うこと（スタートカリキュラムの編成・実施）」が規定されたことを受け、低学年の各教科等（国語科・算数科・音楽科・図画工作科・体育科・特別活動）の学習指導要領にも同旨が明記されています。小学校においては、入学した児童が、幼児期の教育における遊びや生活を通した学びと育ちを基礎として、主体的に自己を発揮しながら学びに向かうことが可能となるようにするためのスタートカリキュラムの充実が求められています。

第3節　幼保小の架け橋プログラム

1　アプローチカリキュラムとスタートカリキュラムとの連携

小学校学習指導要領第1章総則「第2　教育課程の編成」では、「4

学校段階等間の接続」が新設され、幼児期の教育を通して育まれた資質・能力を踏まえて教育活動を実施し、児童が主体的に自己を発揮しながら学びに向かうことが可能となるようにすることが示されるなど、幼児期の教育と小学校教育の円滑な接続の実現への期待が高まっています。

　しかしながら、遊びや生活を通して総合的に学んでいく幼児期の教育課程と、各教科等の学習内容を系統的に学ぶ児童期の教育課程は、内容や進め方が大きく異なり、その接続は決して容易ではありません。この課題に応える具体的な手立てとして、第2節で述べましたが、2008（平成20）年の小学校学習指導要領解説生活編で示されたのが、スタートカリキュラムでした。国立教育政策研究所では、スタートカリキュラムの意義や効果等の周知・啓発を目的として、パンフレット「スタートカリキュラムスタートブック」（2015（平成27）年）を作成し、各学校における取り組みを支援しています。

　幼稚園等では、アプローチカリキュラムを作成し、「幼児期の終わりまでに育ってほしい姿」を意識して保育を行い、小学校では、スタートカリキュラムを作成し、「幼児期の終わりの姿を踏まえた指導の工夫」を行いながら、幼児期と児童期の教育課程と児童期の教育課程の違いを理解するための教育課程についての合同研修会等を通して、保育や教育の内容や方法について理解し合うことが、幼小接続期の保育・教育が充実し、円滑な学びの連続につながることができます。

2　架け橋プログラムによる小学校との連携

　新たな幼小接続期の取り組みとして、文部科学省は、令和4（2022）年度から3か年程度を念頭に、「幼保小の架け橋プログラム」を推進しています。

　義務教育開始前後の5歳児から小学校1年生の2年間は、生涯にわたる学びや生活の基盤をつくるために重要な時期「架け橋期」とし、全国的な架け橋期の教育の充実とともに、モデル地域における実践を並行し

て集中的に推進していくとしています。

　この「幼保小の架け橋プログラム」は、子どもに関わる大人が立場を超えて連携し、主体的・対話的で深い学びの実現を図り、一人一人の多様性に配慮したうえで、全ての子どもに学びや生活の基盤を育むことを目指すものです。

　この時期の教育については、幼稚園・保育所・認定こども園と小学校（幼保小）という多様な施設がそれぞれの役割を担っています。幼児期から児童期の発達を見通しつつ、幼児期年長、５歳児のカリキュラムと小学校１年生のカリキュラムを一体的に捉え、地域の幼児教育と小学校教育の関係者が連携して、カリキュラム・教育方法の充実・改善にあたることが大切になっています。

　これからは、幼保小の保育者と教員が、「幼児期の終わりまでに育ってほしい姿」の共通理解のもとに、幼児教育と小学校教育の垣根を超えて、幼小接続期、架け橋期の子どもの姿を中心に据えて話し合うことができるように、保幼小連絡会、合同の研究会や研修会、授業交流等を通して、小学校との連携を更に強化していく工夫が求められます。

　具体的には、小学校と近隣の幼稚園・保育所等の交流では、小学校の運動会に園児が演技参加をしたり、園児が小学校の図書館を利用して学校司書から読み聞かせをしてもらったり、保育参観や授業参観を相互に行い、教育課程を理解し合う中で、保育での生活単元と小学校の生活科学習に共通するねらいや内容、方法を検討して、一緒に授業を行ったりする試みが積極的に行われることが期待されます。

　生活科の「お店屋さん」に園児を招待して買い物をしてもらったり、生活単元「お店屋さんごっこをしよう」に１年生を招待して買い物をしてもらったりなどの活動や国語科『おおきなかぶ』の学習で、年長の園児も一緒に１年生の担任から絵本『おおきなかぶ』の読み聞かせを聞き、１年生と一緒に初発の感想を発表し合うという授業も構想できます。

　実際に様々な実践が行われていますが、幼保小の保育者と教員が、園

児と児童の実態、地域の実態を考慮して、「幼児期の終わりまでに育ってほしい姿」の共通理解のもとに、アプローチカリキュラムとスタートカリキュラムをつなぐ保育・教育活動を展開していくことが大切になっています。

3　児童文化財活用の効果

絵本の読み聞かせをはじめとする児童文化財の活用には、次のような効果が期待できます（永井、2022）。

①同化する楽しさを高める
　登場人物に同化して、音読したり、動作化したりして、物語の世界を遊ぶことができます。
②感性・情緒を育てる
　絵本のストーリー、展開に感動しながら、絵本の世界を思い描くことを繰り返す中で、豊かな感性・情緒を育てることが期待できます。
③意欲・集中力を高める
　子どもは、絵本の読み聞かせを楽しみに、期待感を持って聞き入ることで、意欲・集中力を高めることにつながります。
④想像力を高める
　絵本の世界を形象化することで、想像力、思考力が高まります。
⑤語彙力を高める
　日常生活における会話からの語彙の獲得に加えて、絵本の読み聞かせ等による言語体験が、幼児の語彙力を高めます。
⑥言語感覚を身に付ける
　絵本の読み聞かせを聞いて、本文の繰り返しの言葉や擬態語、擬音語等、作者の文章表現の工夫により、言葉を意識することができるようになり、豊かな言葉や表現から、言語感覚を身に付けることができます。

⑦文字に関心を持つ

　幼小接続期では、幼児期に絵本の読み聞かせにより、挿絵だけでなく、文字に関心を持つことで、小学校入門期の文字の学習に円滑につなぐことができます。

⑧知的好奇心（興味・関心）を満たす

　絵本に描かれている物語の世界は、日常生活で経験したことがないことや非日常の世界が描かれているために、子どもの知的好奇心（興味・関心）が満たされます。

⑨理解力・思考力を育む

　絵本や図鑑等から様々な情報を得て、理解したり、思考したりを繰り返すことで、理解力や思考力を育むことができます。

⑩知識や視野を広げる

　絵本や図鑑等から様々な情報を得て、知識や視野を広げることができます。

⑪読書習慣を身に付ける

　読み聞かせを数多くしてもらうことで、小学校に入学して文字を習うようになると、積極的に自分で本を手に取り、読んでみようとする読書習慣を身に付けることにつながります。

⑫幼保小の接続に寄与する

　絵本の読み聞かせをはじめとする児童文化財の活用は、保育所・幼稚園の学びから小学校での学びをつなぐ役割を担っています。

⑬学力の向上に寄与する

　幼児期に絵本の読み聞かせ等による言葉のやりとりを活発にすることで、小学校に入学してからの教科・領域での学び、確かな学力の向上に寄与することができます。

⑭豊かな人間性を育む

　絵本の読み聞かせから出発してしだいに読書習慣が身につくようになると、登場人物の生き方に触れ、多くの情報から思考したり、判断し

たり、表現したりしていく中で、自分を見つめ、自己成長につながり、
豊かな人間性を育みます。

　絵本の読み聞かせをはじめとする児童文化財の活用が、幼小接続期の
保育・教育を充実させ、幼保小の円滑な学びの連続を促すことができる
のです。

【引用・参考文献】

文部科学省『幼稚園教育要領』フレーベル館、2008年

文部科学省　中央教育審議会『幼稚園、小学校、中学校、高等学校及び特
　　別支援学校の学習指導要領等の改善及び必要な方策等について（答申）』
　　2016年〈https://www.mext.go.jp/b_menu/shingi/chukyo/chukyo0/
　　toushin/1380731.htm〉

文部科学省『幼稚園教育要領』フレーベル館、2017年

厚生労働省『保育所保育指針』フレーベル館、2017年

内閣府・文部科学省・厚生労働省『幼保連携型認定こども園教育・保育要領』
　　フレーベル館、2017年

文部科学省『小学校学習指導要領』東洋館出版社、2008年

文部科学省幼児期の教育と小学校教育の円滑な接続の在り方に関する調査
　　研究協力者会議「幼児期の教育と小学校教育の円滑な接続の在り方に
　　ついて（報告）」2010年〈https://www.mext.go.jp/component/b_menu/
　　shingi/toushin/_icsFiles/afieldfile/2011/11/22/1298955_1_1.pdf〉

文部科学省『小学校学習指導要領』東洋館出版社、2017年

文部科学省国立教育政策研究所教育課程研究センター編著『発達や学びを
　　つなぐスタートカリキュラム』学事出版、2018年

文部科学省中央教育審議会「『令和の日本型学校教育』の構築を目指して～
　　全ての子供たちの可能性を引き出す、個別最適な学びと、協働的な学

びの実現〜（答申）」2021年〈https://www.mext.go.jp/content/20210126-mxt_syoto02-000012321_2-4.pdf〉

文部科学省「幼保小の架け橋プログラムの実施に向けての手引き（初版）」2022年〈https://www.mext.go.jp/content/20220405-mxt_youji-000021702_3.pdf〉

谷田貝公昭・石橋哲成監修『新版保育者論』（コンパクト版 保育者養成シリーズ）一藝社、2018年

谷田貝公昭監修『言葉』（コンパクト版 保育内容シリーズ４）一藝社、2018年

浅木尚美「第8章児童文化財①」駒井美智子編『保育者をめざす人の保育内容「言葉」』みらい、pp.99-113、2015年

永井勝子「幼小接続期における児童文化財活用の現状と課題─小学校の言語活動を中心に─」星槎大学大学院修士論文、2022年

第6章 保育における音楽を伴った身体表現の変遷と分類

第1節 身体表現の位置づけ

　表現とは、目で見ることのできない心の状態や考えを感性的な形で表出することを意味しています。年齢を問わず自己を表す行為により、自分の思いや考えを意識化したり、それを誰かに伝えようとしたりします。この表現する行為には、表情、身振り、動作、言語、声、絵、音など色々な方法があり、「心の動き」を相手に伝達する手段となります。

　2017（平成29）年告示の幼稚園教育要領、保育所保育指針、幼保連携型認定こども園教育・保育要領の領域「表現」では、内容「（8）自分のイメージを動きや言葉などで表現したり、演じて遊んだりするなどの楽しさを味わう」とあります。保育における表現活動において、歌をうたう、絵を描く、ごっこ遊びをするなど遊びの中に表現が見られますが、その中でも身体活動は、言語による表現が上手くできない幼児にとって思いを表す上でも有効です。アロノフ（Frances Webber Aronoff）は音楽と身体表現について「認識力を高め、主体的にかかわらせ、そしてそこにともなう情緒も養うゆえに、音楽的身体活動が幼児知能、情緒の相互発達に貢献するものは大きい」（アロノフ、1990）と述べています。またアメリカの教育学者であったマーセル（James Lockhart Mursell, 1893-1963）は、「リズム遊び、リズム表現、フォークダンス、および大幅な身体動作を伴う各種のリズム練習を行うことが望ましい」（マーセル、1971）と述べています。これは拍を正しく打ったり、拍子の数え方を練習したりするような訓練を指しているのではなく、音楽に対して身

体を生き生きと反応させることでリズム感を習得できるということです。そのようなことからも音楽のリズムに合わせて身体を動かすことは、ただ楽しさや喜びをもたらすだけでなく、音楽の基礎であるリズム感を養う上でも必要なことがわかります。このように、身体を通した音楽経験は知覚や認識力を高め、様々なことを学び吸収することができるのです。

　では、日本における音楽を伴った身体表現活動は、これまでどのような教育者の考えのもとに行われていたのでしょうか。

第2節　音楽を伴った身体表現活動の変遷

1　明治期

　明治期に行われた遊戯（身体表現）の方法として、大きく2つの流れがありました。

（1）振りのある唱歌遊戯

　1876（明治9）年に、ドイツで初めて幼稚園を作り普及させたフレーベル（Friedrich Wilhelm August Fröbel, 1782-1852）のキンダー・ガルテンに倣い、文部省が日本で初めての幼稚園である東京女子師範学校附属幼稚園（現：お茶の水女子大学附属幼稚園）を創設しました。「幼稚園保育 設備規定」が制定された後に保育項目として遊戯、唱歌、談話、手技が行われ、その中でも遊戯に注目すると子どもが自由に遊ぶという意味と共に唱歌遊戯という形で歌に合わせた踊りが行われていました。フレーベルは、幼児の感情や情操は自然の生活や遊びによる保育により成長すると考え、幼児の内面を自主的に表現する方法は遊戯であるとしました。その考えを受け日本で遊戯を実践しようとしましたが、フレーベルの『母の歌と愛撫の歌』から取り入れた曲はわずか3曲で、後は教

員によって創作された古典的な曲やフランス民謡などを用いました。また当時の幼稚園での唱歌遊戯は、フレーベルの理念とは異なり大人が考えた振り付けを子どもが正しく真似るという子どもの心情を捉えたものではないものでした。その上、子どもたちが楽しそうに行なっていないと、音楽取調掛の伊沢修二（1851～1917）や附属幼稚園の批評係の東基吉（1872～1958）が批判しています。その後、唱歌遊戯は少しずつ変わっていきました。

（2）自発的な表現による「リズム」活動

　関西を中心とした私立のキリスト教の幼稚園では、アメリカを中心としたフレーベル教育の研究者たちが日本の子どもたちに直接保育を行なっていたこともあり、東京女子師範学校附属幼稚園とは異なる形で身体表現活動が行われていました。1889（明治22）年に宣教師でフレーベル教育の研究者でもあるA・L・ハウ（A. L. Howe, 1852-1943）が頌栄幼稚園にて、また1892（明治25）年に広島女学校附属幼稚園の保育者のマコーレー（Fannie C. Macaulay, 1863-1941）やクック（Margaret M. Cook, 1870-1958）は、唱歌ではなく西洋音楽の明るいピアノ曲に合わせて、歩いたりスキップをしたりする身体活動を行なっていました。この活動は遊戯ではなく、「リズム」と呼ばれていました。フレーベルの教えを継承した彼女たちは、子どもが楽しみながら自発的な表現をすることを尊重し、その中で色々な身体の動きを学べるよう工夫したのです。

2　大正期

　大正時代に遊戯に関する教示を行なった人物として、倉橋惣三、戸倉ハル、土川五郎、小林宗作の4名を取り上げます。

（1）倉橋惣三（1882～1955）の遊戯

　大正時代に東京女子高等師範学校附属の幼稚園主事だった倉橋惣三は、

フレーベルの教育を理解し、感情を表す上で自由に身体を動かすことの重要性を説いています。子どもが実際に見たり絵本などで知ったりした生き物を模倣してその動物になりきるという活動を通し、子どもの自主的な表現を大事にすることを提唱しました。

（2）戸倉ハル（1896〜1968）の遊戯（ダンス）

　女子体育や幼児教育でダンスについて研究していた戸倉ハルは、友人の小林つや江と共に子どもの遊戯や歌を多く作り本にまとめています。幼児が簡単な歌と共に動きを伴った遊戯を楽しむことができるよう、小林が作曲した曲に合わせて戸倉が踊りを振りつけた本『子どものうたとリズムあそび』など多数の書籍を出版しました（**図1**）。戸倉は幼児の発達段階に合った振りを考え、子どもでもすぐに理解できる表現や動作を意識していたといいます。また戸倉は、子どもが日常生活で行う「歩

図1　歌と遊戯内容

出典：戸倉ハル・小林つや江『子どものうたとリズムあそび　雪の巻』

く」「走る」「跳ぶ（スキップも含む）」などの基礎的な動きを遊戯の中で幼児が楽しみながら習得することが必要であるとしました。さらに、本の中では基本的に曲とそれに合わせた振りがイラストと言葉で一応は示されていますが、振りの方法についての説明で部分的に「自由に表現する」や「好きな方の足で」と即興的な身体表現も推奨している部分が見られます。

（3）土川五郎（1871～1947）の律動遊戯と表情遊戯

　小学校と幼稚園の教育に携わっていた土川五郎は、明治期の唱歌遊戯を批判し、幼児に適した歌で身体を十分に動かし運動感覚や情緒を引き出せる運動的な活動こそが、幼児自らの表現に重要であると考えました。そこで、どちらも基本的に振りはつけていますが、音楽におけるリズムに合わせて歩くなどの身体を動かす活動を「律動遊戯」、歌の内容を表現する活動を「表情遊戯」と分類しました。土川は、「律動遊戯」は楽器演奏やレコードに合わせて動くこととし、「表情遊戯」は歌の歌詞を写実的に表現するのではなく、そこから感じられたものを動きで表すことと考えていました。土川は人に見せるためではなく子ども自身が楽しめる活動を目指していましたが、遊戯が全国的に広まる中、講習会で直接指導していた土川の手法は、見せるためのものと批判されることもあり、次第に衰退していきました。

（4）小林宗作（1893～1963）のリトミック

　小林宗作は、それまでの振りが決まっている唱歌遊戯に批判的でした。ダルクローズ（Emile Jaques Dalcroze, 1865-1950）が創始したリトミックをパリで学んだ小林は、心的機能と肉体諸機能を調和させたリズム教育としてリトミックを幼児教育の中に取り入れました。単純なマーチに合わせて行進することも必要としましたが、音楽に合わせて子どもが自由に表現することを大事にしました。戦後、「音楽リズム」が行われてい

た昭和期の幼稚園では、リトミックを取り入れられる傾向が見られました。

3 昭和～平成期

（1）1948（昭和23）年　保育要領（試案）「リズム」

　戦前は様々な研究者により身体表現について模索されていましたが、戦後は当時の文部省により日本全国で統一された保育が行われるようになりました。戦後に初めて制定された1948（昭和23）年の保育要領（試案）は、アメリカの連合軍最高司令部民間情報教育局（CIE）の指導のもとに作成され、保育内容12項目の中に「リズム」が制定されています。この「リズム」の目的は、「幼児のひとりひとり、及び共同の音楽的な感情やリズム感を満足させ、子供の考えていることを身体の運動に表わさせ、いきいきと生活を楽しませることにある」（文部省、1947）としています。文部省初等教育課長であった坂元彦太郎（1904～1995）は、これまでの保育者主導による振りの決まった「遊戯」から、幼児の心からわき出る動きをあらわす「リズム」という新しくカタカナ言葉を用いることで、自由主義の教育思想を基調とする方針を示しました。

（2）1956（昭和31）年　幼稚園教育要領「音楽リズム」

　1956（昭和31）年の改定では「リズム」から「音楽リズム」に名称が変化し、それに伴い音楽教育という側面が強く打ち出されました。それにより、保育者は指導計画に合わせた活動を行うことに傾倒し、幼児教育本来の幼児の自発性を主体とする独自性が失われていきます。また幼児の鼓笛隊などの指導を行う音楽活動が目立ってきました。身体表現活動は引き続き行われましたが、リズミカルな動きを子どもたちにさせるといった保育者の主導型の内容となっています。

（3）斎藤公子（1920～2009）のリズム遊び（運動）

　幼児教育者であった斎藤は、1956（昭和31）年より埼玉県のさくら保

育園で音楽を有効に活用し、身体をのびのびと動かすことを目的として「リズム遊び（運動）」を創作しました。この活動は、子どもの身体の成長を手助けすることに加え、感覚神経系などの発達を促すうえで重要な活動として、子どもが親しみやすい童謡を中心に、心身の発達を促すために必要な動きを取り入れた振りが付けられたものです。速いテンポで激しい全身運動をするリズム運動は、子どもが意欲的に行うことに加え、健康な身体作りや身のこなしを美しくすることをねらいとし、活動を体系化していきました。現在も多くの園で実践されています。

（4）1989（平成元）年　幼稚園教育要領「表現」

　1989（平成元）年刊行の幼稚園教育要領「表現」は、「音楽リズム」から名称や内容が大きく変更されました。それまでは小学校教育の前段階として、音楽的な基礎技能を伸ばすことに偏りがちでしたが、子どもの表現する意欲を育て、創造性を豊かにすることに重きが置かれました。しかし、具体的な内容や方法が示されなかったため、現場では混乱が起きました。そこで文部科学省をはじめ、多くの研究者によって幼児の心身の発達と共に幼児自身が考えていることを身体でいきいきと表現して楽しむ活動の必要性が説かれました。

　以上、明治期から平成期までの身体表現の大きな流れについて概観してきましたが、次に身体表現と楽器との関係性について述べていきます。

第3節　楽器と融合した身体表現活動のはじまり

　音楽に合わせた身体表現活動というとダンスを思い浮かべることが多いでしょう。その音楽は、CDやタブレットなどICT機器から流れる既成の音楽を使う場合もあれば、楽器を使って音や音楽を演奏する場合もあります。またダンスは身体で表現することが中心ですが、時には楽器

を手で持ち音を鳴らしながら動くことを楽しむこともあるでしょう。例えば、乳児がガラガラを持ちそれを振りながらリズムに乗って腰を上下に動かしたり、幼児が歩きながら鈴を鳴らしたりと、身体単体だけではない身体表現活動の楽しみ方を子どもたちは自然と行なっていることがあります。そこで、幼児教育の中で楽器と融合した身体表現活動がどのように取り入れられるようになったのか紹介します。

1 身体表現をしながら演奏できる楽器「ミハルス」の誕生

そもそも、楽器活動が全国の幼稚園や小学校などで行われるようになったのは戦後からです。昭和初期の芸能科音楽の授業では、唱歌教育が中心で楽器を使用することは極めて少なかったのです。その中でも限られた学校や地域で、ヴァイオリンやフルートなど高価な楽器を使って一部の子どもたちだけが演奏するというのが一般的でした。そのような時代に、児童が簡単に音を出して楽しめる楽器としてミハルスという楽器が作られました。ミハルスとは、**図2**のように保育や教育の場で使用されているカスタネットの前身の楽器で、戦前に師範学校教師であり舞踊家でもあった千葉躬治（1903〜1995）によって考案された楽器です。形状は紐によって繋がれたスペインのフラメンコ舞踊のカスタネットとよく似ていますが、ミハルスは板の表面にある革製の輪に指を入れて

図2　ミハルスの広告

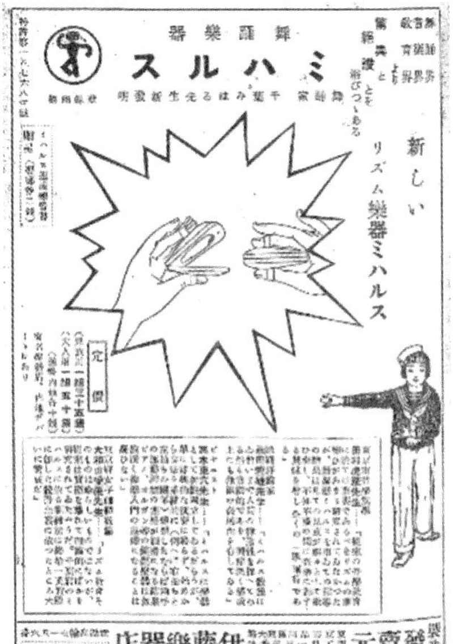

出典：学校音楽研究会『学校音楽』

上下に動かすことで音が出るため、子どもにとって音の出しやすい楽器として歓迎されました。しかも、その使い方は音楽科目に留まらず、ラジオ体操ならぬミハルス体操を千葉自身が作り指導しています。このミハルス体操は、子どもがリズムの基礎と遊戯の形式やダンスの技巧を習得するために考案されたもので、『ミハルス教本』（千葉、1949）の中に提示されています。それまでのリズム教育は理論的に教えることに傾き、実際に音楽に合わせて体でリズムを感じる方法はとられていませんでした。そこに問題点を感じていた千葉は、音符の長さを忠実に表現することが可能な楽器であるミハルスを使って、遊戯を楽しみながらリズム感を獲得することを考えたのです。つまり、体を動かしながらリズム感や豊かな表現力を養うことに最適な楽器だったのです。

2 カスタネットを使ったダンス

　その後、同じく師範学校教師であった上田友亀（1896〜1994）により現在も教育でよく使われているカスタネット（当時の名称：ハンドカスタ）が作られました。上田は、楽器活動が一部の子どもだけでなく、一般の児童も容易に演奏でき、成長する子どもの身体的発達や心理的発達に合った楽器を使って遊ぶことが、音楽の基礎力や音楽活動の基盤となると考えていました。カスタネットの特徴は、2枚の板を弾力のあるゴム紐を使って繋げたことです。片手の指にゴム紐を通しもう片方の手で叩くとゴムの反発力により自動的に元に戻るので、すぐに続けて打つことができます。この反発力により、細かなリズム打ちを小さい子どもでも可能にする画期的な楽器が日本で誕生したのです。また上田はカスタネットの演奏法として、通常の打ち方に加えトレモロのような細かい打ち方、といった方法を提示しています。

　このカスタネットを幼児教育の中で活用しようとしたのが、戸倉ハルです。上田が考えていた演奏方法をもとに、戸倉は1952（昭和27）年に子どもでも扱いやすいカスタネットを遊戯に融合した指導方法を著書

『ハンドカスタのゆうぎ』（戸倉・小林、1952）の中で示しています。その打ち方は全部で7種類あり、その中でも鼓を打つようなつづみ打ちや、小鳥のくちばしを模したような打ち方のことり鳴き打ちなどを提案しました。そこでは、曲や歌に合わせた遊戯をしながらカスタネットを打つ作品を48曲発表し、それぞれの振りや打ち方の解説をしています。戸倉は、子どもの遊びの中で行われる動きを踊りの中で表現すること、またそこにカスタネットを加えることで自ら奏でる音色を楽しめる遊戯を目指しました。このように幼児の基礎的な動きを楽器の軽快な音と共に表現することができるよう工夫したのです。

第4節 保育における身体表現の変遷と創造的な表現を支える保育者の役割

これまで身体表現の変遷を見てきましたが、現代は子ども自身の創造性を促す活動が求められています。

現在、保育における身体を動かす活動の種類は多様であり、保育者がそれぞれの活動をどのような目的から選択するのかという点について、曖昧になっていると考えられます。そこで本節では、活動の種類とその概要を示したうえで、それらの活動内容について整理します。

1 音楽に合わせた動き

今回取り上げる音楽を伴った身体活動の種類は、aからiの9種類で**表1**の通りです。これは、筆者が2018（平成30）年に行った関西の保育所、幼稚園、認定こども園への調査で見られた身体表現活動をもとにまとめています。

これらの活動は、①音楽が先にあり動きが考えられたもの、②音楽と動きが同時に作られたもの、③動きが先にあり音楽がつけられたものの3つに大きく分けることができます。

①音楽に振りがつけられているものとして、d．遊戯、g．振り付けつきのダンス、i．祭りの踊りがあります。

②動きや遊びと音楽（歌）が同時に考慮されたものとして、b．わらべうた遊び、c．手合わせ遊び、f．リズム遊び（運動）、h．体操が考えられます。ただし、b．わらべうた遊びとc．手合わせ遊びは、遊びの中で動作と歌が同時に生まれたものに対して、f．リズム遊び（運動）とh．体操は動きを助長することを目的に音楽を選曲、または作曲されたものです。

③最初に子どもの自発的な動きがあり、それに合った音・音楽をつけるという音楽が動きに従うものとしてa．リズム遊び、e．表現遊びがあります。

表1　音楽を伴った身体活動の種類

音楽を伴った身体活動	該当年齢	活動の内容
a．リズム遊び	2歳児〜	音楽に合わせて歩く、スキップ、ギャロップなど、基礎的な体ほぐしで、リトミックを含む。
b．わらべうた遊び	0歳児〜	①保育者が乳児を膝に乗せて行う（大人が子どもに対して行うことで子どもが知覚する）。②子どもたちと保育者が行う（保育者はリーダー的存在として子どもたちと遊ぶ）。③子どもたちだけで遊ぶ（子どもたちがルールや言葉を変化させ発展的に行う）。
c．手合わせ遊び	0歳児〜	歌いながら大人と子ども、または子ども同士が向き合って行う〈おちゃらかほい〉など。
d．遊戯	2歳児〜	例：〈ちょうちょう〉に合わせて子どもが蝶々の動きを想定して身体で表現する。
e．表現遊び	3歳児〜	子どものカエル跳びや飛行機の飛び方の動きに合わせて楽器で音をつける。
f．リズム遊び（運動）	0歳児〜	齋藤公子の「さくらさくらんぼ」にある曲（例：〈とんぼのめがね〉）に合わせて、身体を伸び伸びと動かすことを目的とする。
g．振り付けつきのダンス	1歳児〜	例：〈エビカニクス〉など、事物を象徴する既成の振り付けと既成の曲に合わせて行う運動的ダンス。
h．体操	2歳児〜	既成の曲に合わせて行う運動。筋肉を動かすことが目的であり、音楽は動きに従ったものといえる。
i．祭りの踊り	3歳児〜	地域内で伝承してきた祭りの音楽に合った日本的な踊り。

筆者作成

e. 表現遊びは、音楽は動きに従う形ですが、保育者に即興的な演奏が期待されるため、保育の中で行われることは他の活動に比べ多いとはいえません。しかし、このような活動こそが子どもの主体性や一人一人の考えを尊重した保育なのです。保育者が音楽をつけることで子どもたちは自分が考えた動きを支持してもらえたという喜びや自信となり、さらに創造的な表現が生まれることでしょう。

　また音楽の位置付けについては、①動きを増長する音楽、②子どもの自発的な動きにつける音・音楽の2種類に分けられます。

　①動きを増長する音楽は、音楽を聴いた子どもが、見たことがある物ややったことがある事柄の記憶をもとに、模倣した動きを行います。体操やリズム遊び（運動）など一斉的な保育の中で行われる活動は、動きが運動的で、大きく筋肉を使うことを目的とする活動です。動作が決まっているため何度も繰り返す間に子どもは少しずつ動きを記憶することが可能で、保育者や他児が同じ動作をしているため模倣しやすいという利点があります。また子どもは少しずつ動きを獲得し自分もできるという満足感を覚えると同時に、クラスの一員としての存在に気づくという社会性の発達にも効果があります。

　一方、②子どもの自発的な動きに音・音楽をつけるケースは、子どもの遊びや生活の中から出てきたさりげない動きに、保育者が楽器や声で音や音楽を付けるというものです。例えばカエルを見た子どもが、カエルを真似てジャンプで表現した場合に、その動きに合わせて保育者がカスタネットやタンバリンで音を付けてみます。すると子どもは自分の動作に満足感を覚え、さらに長くジャンプをしたり色々な跳び方を工夫したりするようになることがあります。また保育者が音の強弱や高低、リズムを変更することで、子ども自身がカンガルーやウサギなどをイメージして跳び方を変化させることに繋がります。このような活動は子ども主体であり、現在の幼稚園教育要領、保育所保育指針、幼保連携型認定こども園教育・保育要領の領域「表現」の内容「（4）感じたこと、考え

たことなどを音や動きなどで表現したり−省略−」に繋がる活動です。

①の活動は保育者が元々ある曲をピアノで演奏をしたりCDなどの IT機器を使用することが前提として行われたりするのに対し、②の活動は子どもの象徴する動きが先にあり、それに音・音楽をつけるという保育者が子どもに添う活動です。保育者は難しく考えることはなく、単純な音や声、リズム楽器で子どもの動きを支持するだけで、子どもは得意になって動きへのモチベーションが上がります。ここには、保育者と子どもとの新たな絆（信頼関係）が結ばれ、模倣を越えた創造的な動きが生まれてきます。幼少期にこのような自己肯定感を高めるような活動を体験することは、人生において大切な経験といえるでしょう。色々な身体表現活動が考えられますが、いずれにしても保育者が何を目指してこれらの活動を取り入れるかを見極め、身体表現活動を考えることが大切です。

2 保育者の役割

身体表現活動では、まず子どもが主体的にかかわれるかどうかを検討することが保育者に求められるでしょう。幼児期の子どもは、感動したこと、発見したこと、驚いた経験などがもとになり、主体的・自発的な活動が生まれてきます。保育者は、そのような環境を設定することが大事です。ここで、筆者による『はらぺこあおむし』の絵本を読んだ後の身体表現活動例を紹介します。絵本を読み終わると、ある子どもが青虫になりきった表現を始め、他の子どもも真似をして動き出しました。そこで筆者が子どもたちの動きに合わせてゆっくりとピアノの音をつけると、別の子どもが植木鉢を登る素振りを見せました。筆者が「青虫さんはおなかが空いたのかな」と尋ねると、葉っぱをムシャムシャと食べる様子が見られ、そこにマラカスで小さい音を付けました。するとその姿を見たクラスの子どもたちが、部屋のあちこちに散らばって食べ物を探しに行く様子が見られたので、個々の動きに合わせた音をピアノや打楽

器で付ける遊びを楽しみました。その後、子どもから「青虫になって楽しかった」という言葉が聞かれ、明日への保育と繋がりました。このように子どもの個々の動きに音をつけた保育で、自分が認められていることを意識した子どもたちに満足感が生まれたのです。

　保育者は子どもたちが何に感動しているのかを読み取り、その心情をどのように表すことができるか様々な援助方法を子どもの個々の特性に合わせて考える必要があります。そこで、できるだけ日頃から花や虫の成長や雨や風で揺れる木々の葉など、自然界の変化を保育者自身が敏感に感じ、子どもと共に見たり話したりすることで、子どもはより感性が磨かれるでしょう。また音楽により動きを増長するリズム遊び、体操などの活動では、音楽と動きが一致することで感覚刺激が入りやすく、子どもは大きく身体を動かすことに快感を覚えます。一方、子どもの自発的な動きに音・音楽をつける活動では、子どもの意欲や主体性が大事にされ、感動のイメージを膨らませながら表現して楽しむ態度に繋がります。そのために保育者は表現することを楽しめる環境を整え、子どもの発達に応じた遊びを準備しておくことが求められます。保育者は、多様にある身体表現活動から保育の目的やその日の子どもたちの関心事や健康状態を考慮しながら選択し、系統的に少しずつ高次化しながら進めていくことで、子どもたちの表現が豊かになってくることでしょう。このような観点からも、保育の中で身体表現活動を色々な機会をとらえて積み上げていって欲しいと考えます。

【引用・参考文献】

　伊澤修二「幼児に課する唱歌遊戯の話」『婦人と子ども』第 1 巻第 1 号、
　　　pp.61-66、1901年

　上田友亀「簡易楽器の教え方」『新音楽教育叢書第 7 巻』音楽之友社、1948年

　F. W. アロノフ、畑玲子（訳）『幼児と音楽』音楽之友社、1990年

大沼覚子「土川五郎における「遊戯」論の展開とその歴史的意義」『幼児教育史研究』第 2 号、pp.15-30、2007年

門脇早聴子「レッスン11 生活における感性と表現」谷村宏子編著『保育内容の指導法』ミネルヴァ書房、2018年

学校音楽研究会編『学校音楽』第 7 巻、共益商社書店、1936年

斎藤公子記念館監修『斎藤公子のリズムと歌　楽譜集』かもがわ出版、2011年

聖和保育史刊行委員会編『聖和保育史』聖和大学、1985年

千葉躬治『ミハルス教本』共益商社書店、1938年

千葉躬治『千葉みはる創案　ミハルス教本　打ち方と踊り方』白眉社、1949年

戸倉ハル・小林つや江『子どものうたとリズムあそび　雪の巻』ひかりのくに、1968年

戸倉ハル・小林つや江『ハンドカスタのゆうぎ』不昧堂書店、1952年

東基吉「幼児保育法につきて（研究)」『婦人と子ども』第 1 巻第 1 号、pp.73-74、1901年

名須川知子「保育内容「表現」の史的変遷　昭和前期・戸倉ハルを中心に」『兵庫教育大学研究紀要　第 1 分冊　学校教育・幼児教育・障害児教育』第20巻、pp.121-135、2000年

長井（大沼）覚子「大正から昭和初期の倉橋惣三における唱歌・遊戯論」『白梅学園大学・短期大学紀要』50号、pp.1-16、2014年

日本保育学会編『日本幼児保育史第六巻』フレーベル館、1975年

二宮紀子「保育におけるリトミックの始まりに関する一考察」『國學院大學教育開発推進機構紀要』第 5 号、pp.23-35、2014年

文部省『保育要領―幼児教育の手びき―』師範学校教科書、1948年

文部省「昭和22年度　保育要領　幼児教育の手びき（試案)」〈https://erid.nier.go.jp/files/COFS/s22k/index.htm〉（2022.9.20最終アクセス）

文部省「昭和31年度　幼稚園教育要領」〈https://erid.nier.go.jp/files/COFS/s31k/index.htm〉（2022.9.20最終アクセス）

文部省「平成元年3月　幼稚園教育要領　付学校教育法施行規則（抄）」

〈https://www.mext.go.jp/a_menu/shotou/old-cs/1322225.htm〉

（2022.9.20最終アクセス）

第7章 生きる力の基礎を豊かに育む表現活動
―乳幼児の生活と遊びに焦点を当てて―

第1節 保育の内容 領域「表現」について

1 幼稚園教育要領と領域「表現」

　幼稚園教育要領の改訂により、1989（平成元）年に5つの領域、「健康・人間関係・環境・言葉・表現」が表されて、各領域は幼児の発達の諸側面をとらえる、「5つの窓口」であると示されました。そして、これまでの「望ましい経験や活動」に代わり、「ねらい及び内容」が、それぞれの領域に明示されて、就学前までに育つことが期待される、「心情・意欲・態度」を示したものであり、「生きる力の基礎」となるものであるとされました。

　領域「表現」については、「感性と表現に関する領域」と、定められて、「感じたことや考えたことを自分なりに表現することを通して、豊かな感性や表現する力を養い、創造性を豊かにする」ことが、目的であり目標であるとされたのです。ねらいと内容及び、内容の取扱いについては、次のように定められていて、現行の2017（平成29）年に告示された幼稚園教育要領と保育所保育指針、及び幼保連携型認定こども園教育・保育要領に共通したものとなっています。

【ねらい】
（1）いろいろなものの美しさなどに対する豊かな感性をもつ。
（2）感じたことや考えたことを自分なりに表現して楽しむ。

（3）生活の中でイメージを豊かにし、様々な表現を楽しむ。

【内　容】

（1）生活の中で様々な音、形、色、手触り、動きなどに気付いたり、
　　感じたりするなどして楽しむ。

　　他、計8項目

【内容の取扱い】

（1）豊かな感性は、自然などの身近な環境と十分にかかわる中で美し
　　いもの、優れたもの、心を動かす出来事などに出会い、そこから
　　得た感動を他の幼児や教師と共有し、様々に表現することなどを
　　通して養われるようにすること。その際、風の音や雨の音、身近
　　にある草や花の形や色など自然の中にある音、形、色などに気づ
　　くようにすること。

　　他、計3項目

　以上のように記述されています。その中には、「感性」や「表現」、ま
た、「イメージ」といったキーワードが含まれています。保育者にはそ
れらについての解釈や理解を深めて、より的確に趣旨を捉えることが求
められるといえます。

2　「自分らしい表現」とは

　幼稚園教育要領と保育所保育指針、そして幼保連携型認定こども園教
育・保育要領において、領域「表現」の目標は、共通の記述がそれぞれ
にあり、「感じたことや考えたことを自分なりに表現することを通して、
豊かな感性や表現する力を養い、創造性を豊かにする。」こと、となっ
ています。この目標で重要と考えられる記述は、「自分なりに表現する」
という部分であると考えられます。

乳幼児期の子どもが表現する際の具体的な内容は、何かの反応であることが多く、そして年齢が下がるにつれて表出が多数になるといえます。子どもは生後間もない乳児期の泣き声やクーイングのように、言葉の獲得以前には生得的、身体的な反応が主で、喃語や一語文の形成と共に、言葉による表出が出来るようになるのです。

　幼稚園教育要領の領域「表現」の内容の取扱いにおいては、「（2）幼児の自己表現は素朴な形で行われることが多いので、教師はそのような表現を受容し、幼児自身の表現しようとする意欲を受け止めて、幼児が生活の中で幼児らしい様々な表現を楽しむことができるようにすること。」と、記されています。

　確かに子どもの自己表現は、内容面でも方法面でも素朴に見える形で行われることが多く、率直で直接的であることが多くあります。例えば独り言やつぶやきなどのように形式が整った表現にはならない場合や、表現内容が明快でない場合も多くありますが保育者は、そのような表現を子どもらしい表現として受け止めることが大切です。受け止め共感することにより、子どもは様々な表現を楽しむことができるようになり、そして表現する喜びを感じ、表現への意欲を高めていくようになるのです。

3　「豊かな感性」について

　感性とはいったい、どういったものでしょうか。人が持っている感覚器官を使って、「見て・聞いて・味わって・匂いとって・触れて」感じる、感じ取るといったその人の特性、性向というものなのでしょうか。

　「感（カン）」という漢字は、辞典では「心が動く・心を動かす・物事にふれての心の動き」という意味を持つ字となっています。字の成り立ちを調べると、「咸」に「心」を加えた「感」は、祈りに対して神の心が動き応えることであり、神様の感応を意味する字となっています。もともとは祈りに対して神が感じ動き、応じる意味でしたが、人の心のことに

意味を移し、心が動く意味となったようです。

　また同じく、「性」は、「性質・性格・性行・性情・性分、生まれつき持っている人の考え方の傾向」という意味をもつ字となっています。この字は、心臓の象形と、草や木が地上に生じてきた象形（「はえる・生まれる」の意味）から成り立ち、性質や性分、生まれながらの心、本性を意味する字となったようです。

　前述の幼稚園教育要領の領域「表現」の【内容の取扱い】の（1）で記されているように、身近な環境とのかかわりの中での感動を友だちや保育者と共有し、その感動を様々な形で表現することにより養われるものが感性であるといえるでしょう。また、自然環境と十分にかかわり、感動と共にいろいろな気付きを得られるよう留意することが求められています。したがって、感性は自然に育まれるものではなく、保育者が環境を整えたり、自然環境との触れ合い体験を計画したり、適切な働きかけや援助を行なったりすることが必要となります。とりわけ子どもが興味関心を持ち、主体的にかかわりたくなるような環境をつくり出すことが重要になるといえます。

第2節　乳幼児の生活と表現

1　子どもと表現

　子どもは母親のお腹の子宮の中にいる胎児の頃から広義の表現活動を行なっているといえます。例えば、妊娠8か月から9か月ごろになると、帰宅した父親が母親のお腹の中の胎児に向かって、「ただいま～！」と、呼びかけたり、母親が胎児に聴かせるように楽しそうに歌をうたいながらリズミカルにお腹を軽くタップしたりすると、まだ胎児である赤ちゃんが反応して、足を伸ばすような動作でお腹を内側からゆっくりと押し

たり、お腹の中でゆっくりと身体を動かしたり、などして反応すること
があります。

　それを母体である母親が感じとって、「お父さんの声にお腹の中で、
返事したんだわ！」、「歌に反応して喜んでいるみたい！」と、父親と嬉
しそうに顔を見合わせたり、反応の様子から胎児が順調に育ち元気であ
ることに安心したり喜んだりしているのです。こういった反応は、胎児
なりの一つの表現としてとらえることができるのではないでしょうか。

　この場合、胎児の反応を感じとった母親が、その反応についていわゆ
る“意味づけ”をしていることが重要であるといえます。胎児と一体で
ある母親が、その関係性のうえでの時系列の一連の流れにおいて、胎児
の反応を母親と胎児とのつながりの中で感じ取った事柄を意味づけるこ
とにより、表現としてとらえることが可能になることが分かります。

2　感性とセンス・オブ・ワンダー

（1）レイチェル・カーソンと「センス・オブ・ワンダー」

　レイチェル・カーソンは、著書『沈黙の春』において、世界で初めて
環境問題について取り上げ、とりわけ化学物質による自然破壊によって
引き起こされる多くの問題を指摘しました。そして、晩年において『セ
ンス・オブ・ワンダー』を著わし、子どもの“不思議がる心”であり、“こ
れは何故なのだろうと疑問に思う心”であるセンス・オブ・ワンダーの
重要性を説き、子どもの素朴な疑問や不思議に思う気持ちを大事にすべ
きだと訴えました。その為には子どもの傍に寄り添い、子どもの素朴な
疑問や不思議に思う気持ちを受け止め共感して理解しようとする、その
ような大人の存在が必要不可欠であるとも述べています。

（2）大切な子どもの存在

　レイチェル・カーソンの主張には、二つの大きな示唆があるのではな
いかと考えられます。一つは、社会における子どもの存在の大切さにつ

いてです。『センス・オブ・ワンダー』では、自然の素晴らしさを存分に叙述するとともに、子どもにとっての自然の大切さや重要性を繰り返し述べています。そして、そこでは自然への憧憬や畏怖、また賞賛やリスペクトと共に、社会の将来を担う子どもへの愛情や、かけがえのない存在として尊重する気持ちが彷彿としていることを、うかがい知ることができます。

　それは換言するなら例えば、「子宝」の考え方であり、「子どもは世のひかり」であるという捉え方であり、また、「子どもは将来の社会を担う貴重な存在」として尊重する姿勢であると考えることができますし、さらには全ての大人が共有すべき認識であるといえます。そのような考え方や姿勢こそ、レイチェル・カーソンが子どもに対して示した深い愛情や、かけがえのない存在として尊重しようとした、心持ちや心情の具体的な中身ではないでしょうか。

（3）感性が人生を豊かに彩る

　二つ目は「感性」の大切さを訴えていることです。彼女は、人の持つ感性がその人の人生を豊かにするカギであることを繰り返し強調しているのです。そして自然に対する感性を彼女は最も重視したのです。なぜでしょうか？　それは子どもにとって、また大人にとっても、自然は驚きと感動の宝庫であるといえるからだと考えられます。つまりは自然の中でこそ、人の感性は磨かれるのだというメッセージを彼女は発信しているのだといえます。それゆえ自然を大切にして、自然の中で生活し暮らすことを彼女も大切にし、その貴重で素晴らしい時間を身近で大切な人と共にすることを楽しんでいたのです。

　感性は直訳すると"センス"となりますから、センス・オブ・ワンダーをそのまま直訳すると、「不思議なことについての感性」、言い換えれば、「何故だろう？と疑問に思ったり、どうしてだろう？と不思議に感じたりする感性」ということになるでしょう。例えば、雨上がりの空に七色

の虹がかかり、見上げてみつけた人は、皆誰しも、「美しくて本当に綺麗だな、でもなぜ七色なのだろう？」そして、「不思議だな、なぜ半円に近い形なんだろう？」などと、心を動かされつつ不思議に思う気持ちを多かれ少なかれ感じることでしょう。

　そして、その気持ちの動きや揺れの幅が、いうまでもなく感性の幅であると言えるのではないかと考えられます。つまり気持ちや感情の動きや、揺れの幅の大きい小さいが、感性の豊かさを表すものではないかと考えられます。レイチェル・カーソンは、感性がその人の人生を豊かにするカギであることを教えてくれました。私たちは、彼女が示唆するように自然に対する自らの感性を見つめ直し、自然の中で、子どもと同じように自分自身にとって新しいことを発見したり、大いに感じたり、驚いたり、畏怖したり、不思議に思ったりすること、すなわち自然に対する感性を豊かにすることを、日々の暮らしにおいて大切にすることが求められているのではないでしょうか。自然に触れ親しむなかで、子どもとより多く共感するためにも、そして子どもと感動をより広く深く共有するためにも、必要なことであるといえます。

（4）自然との触れ合いを豊かに

　自然はさまざまな様相を、私たちに日々刻々と示し表しています。穏やかな晴天の日もあれば、暴風雨が猛威を振るう日もあり、爽やかな風も吹けば、雪が舞うような天候の日もあります。そして季節の移り変わりとともに、種々の樹木や草花、虫や小さな生き物なども私たちの眼を楽しませてくれます。

　自然との日常的な触れ合いは、子どもの身体的な成長をはじめ、好奇心や探求心、そして道徳心や正義感、また自己肯定感を育み培うことにつながることが、明らかになっています。子どもの成長発達にプラスの作用をもたらす自然の持つ教育力がクローズアップされ、保育や幼児教育においても自然体験や自然遊びの実践や研究の取り組みが、数多く報

告されています。

　子どもの表現活動においても、自然との触れ合いはとても大切になります。色とりどりの草花や樹木、雄大なスケールの風景、また種々の動物や生き物などを、目の当たりにして見たり、直接触れたりすることで、感受性及び感性が刺激され豊かに養うことができるようになります。

　例えば、自然現象の一つである天候についても、大人は仕事や家事の為に、また気分的に晴れの天気が有り難いと思うことが一般的であると考えられます。しかし子どもは、長靴を履いて水たまりで寄り道をして遊ぶことができるし、カエルの鳴き声を聴くことができたり、葉っぱの上にカタツムリを見つけることもできたりするので、雨の日にも楽しくワクワクする気持ちをもつことができます。

　空を見上げた時、顔を打つ雨に「冷たい」と感じることも、水たまりに降る雨が作る波紋や、葉っぱの上の雨の粒に目を凝らして「きれい」と感じることも、長靴で踏みしめた時の水の音やカエルの声に「面白い」と感じることも、子どもの感授性及び感性を刺激してくれます。

　自然との触れ合いやその中での遊びや生活の経験は、生きる力の基礎を子どもたちが育み培うことにつながり、大きく寄与することを、小学校学習指導要領をはじめ、幼稚園教育要領や保育所保育指針、幼保連携型認定こども園教育・保育要領においても同じように記されています。

　子どもの感受性及び感性を、より豊かに育むことを意識しながら、保育・幼児教育の実践において自然との日常的な触れ合いをプロデュースすることの必要性を、保育者は深く認識することが求められます。

第**3**節　感性と表現活動を大切にする保育・幼児教育

1　感性を育み表現活動を培う保育・幼児教育

（1）乳幼児期の生活及び保育と生きる力の基礎

　乳幼児期に生活や遊びを通して培われる感性や表現力を含むさまざまな能力は、そのまま「生きる力の基礎」に直結します。そして「生きる力の基礎」は、学童期や青年期を通じてさらに大きく育まれて、成人期に至って各々一人ひとりに応じた真の「生きる力」へと培われていくのです。

　日々の生活や遊びの中で自ら学び、生きる力の基礎を獲得していくためには、乳幼児期においては、子どもにとって身近な大人、つまり母親や父親などの保護者と、園の保育者（＝保育所においては保育士、幼稚園においては幼稚園教諭、認定こども園においては保育教諭）の果たす役割が、極めて重要になります。

　このことについて厚生労働省は、保育者が子どもを実際に保育するうえでの内容や基本的な考え方を保育所保育指針で定め、かつ保育の機能である、「養護」と「教育」について、乳幼児期にはその両者が保障されることが重要であると強調し、保育者の任務の第一に、生命の保持と情緒の安定をあげています。このことは、もちろん家庭における子育てにおいても基本的に最も大事にされるべき事柄となります。

　母親や保育者などの身近な大人に愛情を込めた世話をされ、十分にいきとどいた養護を受け、応答性のあるかかわりを十分に経験した乳児は、大人と生活する中で、快情動や心地よさを感じ、そしてそのことをストレートに表現しながら生きることの喜びや、人とかかわることの楽しさを原体験としていくことができるのです。生きる力の基礎はまさにその原体験から育まれ培われるといえるでしょう。

　子どもの成長や発達にはいわゆる、「積み上げの原則」があります。

これは土台作りから始めて、順次上に積み上げていくことを意味しています。つまり、2階建ての住宅や、高層ビルといった建物と同じように、まず基礎や土台を作り上げ、その上に実際の住居などの構造物を造り、積み上げていくことと類似しているのです。したがって、基礎や土台が強固にしっかりと造られていると、上部の構造物を幾層にも積み上げることができるのです。反対に基礎や土台が軟弱であったり、手抜きの為に欠陥があったりすると、ぐらぐらと不安定になったり、何かあると崩れてしまったりすることになるのです。

　乳幼児期に育み育まれる感性や表現する力の基礎もまったく同じことがいえるのではないでしょうか。この時期の生活の大切さを再認識して、子どもの健やかで全面的な成長発達のために必要かつ十分な真に豊かな生活を保障することが、身近な大人の責務であるといえるでしょう。

（2）エリクソンの発達段階と子どもの生活

　アメリカの心理学者エリクソンは、心理社会的発達理論として心理学と社会学の知見を融合させ、ヒトの人生における各発達段階と発達課題及び、危機についての明確な理論を打ち立てました。それは人生を8段階に区分して、それぞれに発達課題と心理社会的危機、主な対人関係などが設定されています。エリクソンによる、この心理社会的発達理論における最大の特徴は、人生における各発達段階と発達課題について、成功のみが必ずしも賞賛されるわけではなく、不成功もそれなりに経験する必要性もあると、されているところにあります。

　つまり発達課題にかかわる成功経験と不成功経験の両方が必要であり成功経験のみが人の発達に繋がり、発達を促していくものではなく、不成功を含めた両方を統合したものが正常な発達に寄与するととらえているのです。さらに、発達段階と発達課題について、前段階の発達課題は次段階の発達段階の基礎となるとされています。これは、先ほど述べた「積み上げの原則」と同じ考え方です。

エリクソンの理論によれば、乳児期の発達課題は「基本的信頼」であり、母親が関係を取り結ぶ主な対象となります。その反対の概念は「不信」であるとされています。

(3) 乳児期に応答性を大切にした生活と遊びを

一般にヒトは、生後すぐから数カ月間はもちろんのことですが、満1歳頃までの乳児の間は、母親にほぼ全面的に依存して生活するわけですから、愛情をもって世話をしてくれる身近な存在として母親を認識し、そして相互に関係を取り結ぶ主な対象であることは当然であるといえます。エリクソンの理論では母親と一対一のかかわり合いの中で、強固な信頼関係を築くことが、発達課題である「基本的な信頼関係」を獲得したことに繋がるといえます。そして母親と同様に身近な人的環境である父親や祖父母、また保育所や幼稚園、認定こども園などの保育者も母親と同様に、密接に関係を取り結ぶ対象となります。

こうした、母親を中心とした身近な大人による愛情ある世話や遊びを基本とする関わりを通した、いわゆる「好き好き関係」の中で育まれ培われていく基本的な信頼関係は、感性や表現する力の芽生えと伸長を含むその後の成長発達の基盤となるのです。とりわけ「心のよりどころ」であり、「安全基地」である母親との相互信頼関係は、子どもが成長するにつれて広がっていく周囲の人や、友だちや他の人たちとの関係の基盤ともなります。

それは言い換えるならば、人間に対する根本的な信頼感、安心感をも醸成するものであるといえます。つまり母親との信頼関係は、子どもの社会性の発達の基盤であり、ヒトが人間として育てられ、社会的存在として帰属する社会に暮らし、生活し、そして社会的な義務や責任を社会の一員として果たしていくに足る、人として育っていく基礎となり土台となるのです。

（４）園の行事と領域「表現」

①園のさまざまな行事

　園で行われる行事は大きく３つに分けることができます。

（a）伝統的行事

　我が国では古くから伝統行事が四季折々に催されてきました。そして
その中で、子どもにかかわる行事も行われてきました。保育所や幼稚園
などでは、「端午の節句」、「七夕」、「餅つき」、「節分」、「雛祭り」など
が行われています。さらに外国の行事である、「クリスマス」や、「ハロ
ウィン」も多くの園で実施されています。

（b）地域の行事

　園外保育や遠足など、日頃の保育の場である園を離れて違う場所に出
かけて経験をひろげる行事もあります。そして、地域のさまざまな公共
施設や小学校、障がい児施設、高齢者施設、などとの交流を行い、地域
社会の種々の施設を知ったり、多様な人々との関わりをひろげたりする
行事も実施されています。

（c）子どもの表現を通して成長の姿を発表する場としての行事

　園での日頃の保育において取り組んだ、さまざまな遊びや活動を通し
獲得した表現する力をはじめ、色々な力を発揮する場、成長した姿を発
表する機会及び場としての行事もあります。主なものには運動会、作品
展（絵画造形展）、音楽会、生活発表会などがあり、それぞれの行事の
中で子どもたちは、身体表現（身振り表現）、絵画造形表現、音楽表現、
言語表現、などを含んだ総合的な表現を発表します。

②保育における行事の意義

（a）興味関心や経験を広げる機会としての行事

　子どもは、地域社会の環境の中で育ち生活し成長していきます。日本の伝統的な行事や季節折々の行事、地域の行事の中で、経験やかかわりをひろげることは必要なことです。保育においても、子どもが興味や関心をひろげ、知識や経験を豊かにする好機となります。

（b）領域「表現」と行事

　成長発達の姿を、子どもの表現を通して発表する機会となる運動会や生活発表会などは、行事に向けての準備を重ねる過程が必要であることから、準備に追われ日常の保育に影響が出ることが心配されているのも事実です。しかし、子どもは保育の中でさまざまな表現活動に遊びを通して取り組むことにより、身体的、造形的、音楽的、言語的表現の力を獲得し、その表現の力を通して自己を発揮するとともに、保育者や友だちとの関係を深めているともいえます。したがって、子どもの自信や意欲をはぐくむ機会としての行事を、しっかりとした計画と職員の共通認識のもとに実施することが肝要です。

（5）総合的な表現活動としての劇遊び

　「劇遊び」は、１年間の保育の総まとめとしての行事である生活発表会で取り組まれることが一般的に多くなっていて、子どもたちの総合的な表現活動の機会として行われています。絵本や紙芝居などを遊びの題材として取り上げることが多く、保育者はクラスで読み聞かせをした絵本や紙芝居の中で、子どもたちが興味や関心を寄せ、集中して聞くなど人気が高かった物語やストーリーのものを選ぶことがよくあります。

　ごっこ遊びや身振り表現をはじめ、さまざまな表現遊びや表現活動を子どもたちと楽しみながら創りあげ、発展させていく創造性豊かな遊びであり、想像する力、表現する力が養われる幼児期ならではの遊びであ

るということができます。さらに、幼児期の子どもは現実の世界と、想像の世界が未分化で、その間を行ったり来たりしています。その特性を活かして、心身共に成長発達させる1つの有力な手立てが劇遊びであるといえます。

　保育所や幼稚園、認定こども園などの生活発表会において、劇遊びを楽しみながら、さまざまな役割を演じ表現する子どもたちと、観客として子どもの成長の姿を目の当たりにする保護者（母親や父親、他の家族等）が、同じ場所で感動を共にする体験は、地域における伝統行事がなくなりつつある今日、とても貴重なものであるといえます。

　劇遊びにおいても、また他の表現遊びや表現活動にも共通していることですが、表現の目的は子どもが豊かな感性を育み表現することを楽しむこと、そして、それぞれの子どもなりの表現を認め合ったり、友だち同士で表現することを楽しんだりなど、表現遊びや活動を通して子ども同士のかかわりを深めていくことです。それゆえに保育者には、子どもが自分の気づきや感じたことを豊かに表現するために、子どもの思いに共感して受け止めることができる感性を持つことが、求められるのです。

【引用・参考文献】

文部科学省著編『幼稚園教育要領〈平成29年告示〉』フレーベル館、2017年

厚生労働省『保育所保育指針〈平成29年告示〉』フレーベル館、2017年

内閣府・文部科学省・厚生労働省『幼保連携型認定こども園教育・保育要領〈平成29年告示〉』フレーベル館、2017年

名須川知子・高橋敏之編著『保育内容 表現論』ミネルヴァ書房、2006年

入江礼子・榎沢良彦編著『シードブック　保育内容 表現 第3版』建帛社、2018年

無藤隆監修、浜口順子編集代表『新訂　事例で学ぶ保育内容〈領域〉表現』

萌文書林、2018年

谷田貝公昭監修、三森桂子編著『音楽表現』（新・保育内容シリーズ5）一藝社、2010年

今井真理『保育の表現技術実践ワーク』教育情報出版社、2016年

谷田貝公昭監修、竹井史編著『造形表現』（コンパクト版保育内容シリーズ6）一藝社、2018年

島田由紀子・駒久美子『コンパス 保育内容 表現』建帛社、2019年

岡本拡子・花原幹夫編著、汐見稔幸監修・編著『保育内容「表現」』ミネルヴァ書房、2020年

秋田喜代美・三宅茂夫監修、浅野卓司編『子どもの姿からはじめる 領域・表現』みらい、2021年

第8章　子どもの歌にみる友達観
―友達・友情をめぐる顕在的カリキュラムの一考察―

第1節　本章の目的

1　研究の背景

　「友達、友情とは何か」という問い自体は珍しくなく、近年、読みやすい新書なども世に出ています（菅野，2008、石田，2021など）。しかし、保育、教育の現場において「友達」「友情」等の意義について、そもそもどのような顕在的カリキュラムが整えられているのかについては、思いのほか研究蓄積が十分ではありません。その背景として、「友達」「友情」は、基本的には児童・生徒のプライベートな領域と見なされ、いざこざ、喧嘩、いじめのような関係の綻びが見られるときのみ保育者、教員、そして保護者等が介入する問題として扱われやすいことが挙げられます。友人関係に関する教育社会学研究についても、グループ化が本格化する中学生以上の生徒文化研究が主流であったように思われます。

　2017年の要領改訂に際して幼保小連携を視野に入れて提示された「幼児期の終わりまでに育ってほしい姿」として、「友達」は複数回に渡って言及されており、他者や集団との関わりの中での自我の発達や、遊び・学習の遂行や深化に不可欠なものとして想定されています。しかし、既述のような「友達」「友情」等をめぐる顕在的カリキュラムをめぐる研究の未整理状況は、基本的には保育についても当てはまります。例えば、2017年の改訂要領の解説では、友達をつくる主体的なプロセスは明示されていないという課題があります（水引・歌川，2017、歌川，2018）。

このような研究状況を受け、近年、「仲間関係」をめぐる心理学的視点とは別に、幼児が触れる絵本（磯辺、2016）や歌（濱野、2021）を分析の素材とした、顕在的カリキュラムにみる友達観の社会学的研究が散見されるようになっています。特に磯辺（2016）は、「友情」の関係性のパターンが、（ⅰ）内部収束・融合型、（ⅱ）外部拡大・融合型、（ⅲ）内部収束・自律型、（ⅳ）外部拡大・自律型という四つの類型に分けられ、日本作品では（ⅱ）外部拡大・融合型が海外作品に比べ多いことを明らかにしています。合わせて絵本が、「ひとり」でいることに否定的なイメージを付与し、「友達」ができることによってハッピーエンドとなる構図を作り出していること、また上記のどの類型にせよ、「友情」を語る際に「隠蔽」しているものがあるということが指摘されています（（ⅱ）については、全員が仲良くわかり合う世界において、理解できないレベルの「異質な」他者が想定されていないことを指します）。

なお、小学校入学は子どもにとって校種が変わる初めての経験でもあります。「入学する小学校に同じ幼稚園、保育所の友達や知り合いがどの程度いるのか」は、保護者にとっても重大な関心事の一つです。幼保小連携を視野に入れた「友達」「友情」をめぐる顕在的カリキュラムをめぐる研究として、水引・歌川・濱野（2018）は、小学校第一学年の生活科と道徳科の教科書・教材に着目しています。スタートカリキュラムとして位置づく生活科では、小単元「がっこうたんけん」の前に、友達との関係作りを行うことになっています。ここでは、教科書中の遊びの様子からの気づきを話し合う、実際に馴染みのある遊びを実践した上で名刺交換などの自己紹介や良好な関係を維持するための挨拶や言葉がけを学ぶ、という流れになっています。道徳科や特別活動において、「友人関係≒級友」という想定を強く働かせる傾向がある一方で、生活科の導入においては、「学校生活を円滑に送るための友達作り」という視点が明確であり、この点は、他校種の教育課程には見られない特徴です（水引・歌川・濱野、2018）。

2 本章の目的

上記の動向を踏まえ、本章では、実際の保育（日常と卒園式）で用いられている可能性が高い歌唱曲に着目し、その友達観を明らかにします。その際、「友達」を歌詞に含む子どもの歌の音楽的特徴にも配慮します。

一般的に「楽曲」は歌詞（Text）が付いている「歌」（Song）と歌詞が付いていない「器楽曲」（Instrumental）に分かれます。これまでの人類の歴史の中で、作曲家たちは音楽を通して様々なものを表現しようと試みてきました。「音楽は世界の共通の言語だ」ということをよく耳にしますが、歌詞のない器楽曲で特定のアイデアや「もの」を表現しようとして、聴衆に作曲者が意図した通りに受け取ってもらうのはなかなか難しいことです。しかし音楽に歌詞が付くと、非常に具体的なアイデアや細かなニュアンスを伝えることが可能となります。

以下、第2節では対象とする子どもの歌について概観します。第3節では主に磯辺（2016）の知見との異同を明らかにするため歌詞（Text）に着目し、「友達」の用いられ方について分析します。第4節では曲のテンポと「ともだち」のリズムに着目した考察を行います。第5節では今後の展望を述べます。

第2節　分析対象とする曲

本章では、子どもの歌について分析する際に、日常の保育で用いられる歌謡曲と、卒園式に用いられる歌謡曲の双方に着目していきます。卒園にも着目するのは、第1節第1項で述べた理由から、幼保小連携も視野に入れて友達をめぐる顕在的カリキュラムを考える上で、卒園というイベントが一定程度の意味を持つと考えられるためです。

本章で対象とするのは、A『Hoick 殿堂入り！みんなの Hoick ソング

みんなでうたお！ともだちソング〜元気と笑顔になれるハッピー・ソング集〜』（KING RECORDS、2018年）、B『コロムビアキッズ お友達と一緒に♪ ぼくとわたしのなかよしソング』（日本コロムビア、2016年）、C『Hoick 殿堂入り！みんなの Hoick ソング そつえんのうた〜心にひびくベスト・ソング集〜』（KING RECORDS、2017年）、D『思い出いっぱい そつえんのうた（ザ・ベスト）』（日本コロムビア、2017年）の4アルバムに所収されているのべ139曲のうち、歌詞に「友達」を1回以上含む39曲（**表1**）です。この4アルバムの選定理由は、①アルバムの発売年が近い、②実際の保育現場で用いられている可能性が高い歌謡曲が収録されていると考えられる（それぞれのアルバムの帯に A, C「〈Hoick〉で、閲覧数10000人を超える人気曲を中心にセレクトした」B「お友達と一緒に聴いて歌える人気ソングがいっぱい！」D「思い出いっぱい！はじめての旅立ちの日にうたう、そつえんのうた」となっています）、というものです。今回は、「友達」の用いられ方に特に着目するため、歌詞に「友達」を含まないものは除きました。また以下では、選曲した39曲のうち、C,Dにのみ収録されている19曲を「卒園系」、それ以外の20曲を「友達系」と呼び、便宜的に区別しました。

第3節　歌詞における「友達」

1　歌詞の計量テキスト分析

　本章では、歌詞の計量テキスト分析を行います。今回の対象は39曲に留まりますが、技術情報が公開されている分析ソフトの KH Coder（樋口、2020）を使用しました。子どもの歌の中には、繰り返し歌われるフレーズがあります。本章では、歌が子どもの友達観に何らかの形で影響することを想定していますので、その繰り返し分も含め、言葉としてカ

表1　本章の分析対象曲

ID	系	曲名	作詞	作曲
1	友達系	ともだちがいっぱい	伊藤アキラ	越部信義
2		きみたちきょうからともだちだ	中川ひろたか	中川ひろたか
3		ハロー・マイフレンズ	及川眠子	松本俊明
4		きみにあえてうれしい	ふじのマナミ	片岡嗣実
5		手のひらを太陽に	やなせたかし	いずみたく
6		LET'S　GO！いいことあるさ	作詞・作曲：Jacques Morali ほか 訳・タケカワユキヒデ	
7		ともだちいいね	増田裕子	平田明子
8		ともだちできちゃった	阿部直美	阿部直美
9		みんなだれかがすきになる	坂田おさむ	林アキラ
10		ともだちはいいもんだ「ユタと不思議な仲間たち」より	岩谷時子	三木たかし
11		すてきな友達「人間になりたがった猫」より	梶賀千鶴子	鈴木邦彦
12		あしたははれる	坂田修	坂田修
13		ともだちになるために	新沢としひこ	中川ひろたか
14		エール！！	美鈴こゆき	美鈴こゆき
15		ともだち賛歌	アメリカ民謡 訳：阪田寛夫	
16		キラキラがいっぱい	新沢としひこ	新沢としひこ
17		ともだちのうた	峯陽	A. ノビコフ
18		みんなおおきくなった	藤本ともひこ	中川ひろたか
19		みんなともだち	中川ひろたか	中川ひろたか
20		おめでとうを100回	日暮真三	沢田完
21	卒園系	みんなみんなありがとう	愛知県・江南幼稚園青4組のみなさん	二本松はじめほか
22		ありがとう・さようなら	井出隆夫	福田知禾子
23		ドキドキドン！一年生	伊藤アキラ	櫻井順
24		一年生になったら	まど・みちお	山本直純
25		もうすぐピカピカ一年生	みねかつまさ	岡田リキオ
26		君からもらった宝物	二本松はじめ	二本松はじめ
27		ラララだいすき	山口たかし	高田さとし
28		えがおのままで	新沢としひこ	中川ひろたか
29		ともだちだからね	藤本ともひこ	新沢としひこ
30		おおきくなるってうれしいね	増田裕子	増田裕子
31		おわかれのうた	中川ひろたか	中川ひろたか
32		そつえんしきのうた	天野蝶	一宮道子
33		さよならぼくたちのほいくえん	新沢としひこ	島筒英夫
34		ありがとうようちえん	阿部直美	阿部直美
35		またね	町田浩志	町田浩志
36		たいせつなたからもの	新沢としひこ	新沢としひこ
37		おもいでのはじまり〜卒園式に〜	村田さち子	大中恩
38		えがおでありがとう	永井大地	永井大地
39		そつえんのひに	梅田悟司	梅田悟司

筆者作成

ウントすることや、曲の中でどの言葉と用いられやすいかを明確にする
ことに意味があると考えています。そこで、語が意味を持つ最小単位に
分解し、その出現回数を算出しました。なお、分析単位はあくまで「曲」
単位です。また、実際にその曲が歌われる場面ごと（日常か卒園式か）
の区別を想定し、本節で「卒園系」を分析する際には、「友達系」に分
類される曲のうち、C,Dにも収録されている4曲（ID13,16,18,19）を加
えています。

2 頻出語彙

　表2は、「友達系」「卒園系（＋4曲）」における頻出語（10位）です。
既述のように、本章では、「友達」「仲良し」（A,B）、「卒園（式）」（C,D）
をテーマとするアルバムの中から、「友達」を一度以上歌詞に含む曲を
対象に分析していますが、「みんな」「君」は、双方の系に共通して出現
回数が多いことがわかります。いずれの系についても、「みんな」が「君」
よりも出現回数が多いという意味においては、磯辺（2016）が「内部収
束型／外部拡大型」で分類するところの、「外部拡大型」の友情を歌う
歌が多いということが示唆されます。無論、アルバムの趣旨から、どの
曲も「みんなで歌う」ことが想定されています（実際に「歌う」は「友

表2　頻出語彙（上位10語）

友達系

抽出語	出現回数
みんな	103
友達	102
君	80
いい	29
歌う	22
レッツゴー	20
一人	20
僕ら	20
一緒	19
好き	17

卒園系（＋4曲）

抽出語	出現回数
友達	114
みんな	86
君	52
さようなら	34
たくさん	33
一年生	33
一緒	28
ここ	26
忘れる（否定）	25
バイ	24

筆者作成

達系」の上位に位置づいている）ので、当然の結果ともいえるでしょう。

3 共起ネットワーク

　続いて**図1、2**は、友達系、卒園系（＋4曲）の共起ネットワークです（図中の数字は Jaccard 係数を意味し、最小スパニング・ツリーだけを描画しています）。「友達」と「みんな」「君」の共起の仕方に違いがあることがわかります。

　友達系では、「友達」は、「君」―「一人」―「悲しい」の側との共起と、「みんな」―「歌う」―「僕ら」の側の共起の間に位置づいています。「悲しい」は、「悲しくない」のような否定形ではないことから、「一人」「悲しい」こととが「友達」である、「友達」になることにつながるという歌詞の世界観（ID 3,11,12）と関連していることを表します。一方、「みんな」―「歌う」―「僕ら」は、「みんな」「友達」である、「友達」に

図1　友達系の共起ネットワーク

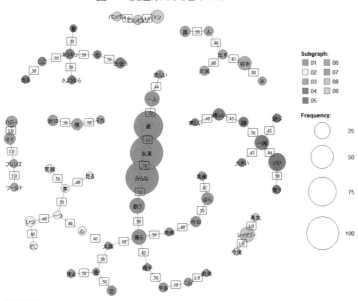

筆者作成

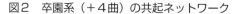

図2　卒園系（＋4曲）の共起ネットワーク

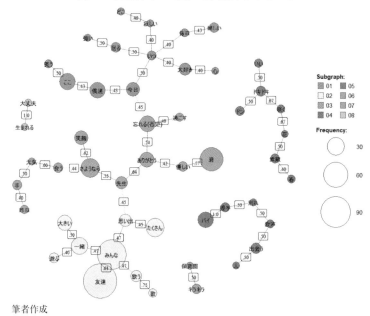

筆者作成

なるために「歌う」という歌詞の世界観（ID 4，5，15など）と関連して
いることが示唆されます。

　一方、卒園系（＋4曲）では、「みんな」が共起ネットワークの中心
にあります。「みんな」の思い出（「一緒」「歌う」「思い出」）の一部と
して「友達」が想起されていると思われます（ID21,22,29,36など）。

　この友達系の傾向については、磯辺（2016）の、「友達」の意義は、「一
人」であることの否定から生み出される、という絵本の分析の知見とも
方向性は一致します。一方、卒園式になると、「友達」と「君」との共
起は強く見られず、なおかつ「みんな」との思い出の一部として「友達」
が用いられています。卒園に際して美化されるべき過去、卒園後に維持
されるべき関係としての理想化した「友達」が出現しているようにも受
け止められます。

第**4**節　音楽的観点からの分析

1　テンポ

　本節では、第2節で示した39曲について音楽的観点から考察します。

　まず、テンポの側面からです。ここでのテンポとは、楽譜に記されているテンポ記号ではなく、CD に収録されている演奏テンポのことです。まず全体として、どのようなテンポの分布になっているかを以下の**図3**で示します。

図3　テンポグラフ

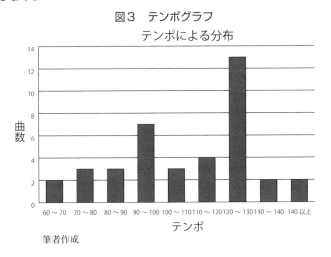

筆者作成

　テンポの分布を見てみると、120〜130（bpm）の曲が圧倒的に多いことがわかります。一般的に幼児の心拍数は一分間に100〜110と言われているため、幼児の心拍数に合ったテンポの曲が多いかと予想していましたが、作曲者や演奏者はそれよりも速い120〜130のテンポを好んでいることがわかります。少ないですが、130や140のテンポの曲もあります。

　表3として、39曲の演奏テンポを一覧にして示します。**表3**の ID13と22にはテンポに対応する音符が記されていますが、これは拍子が異なっているためです。ID13は2／2拍子で、ID22は6／8拍子です。

表3　テンポ一覧

ID	系	テンポ（CD）
1	友達系	132
2		128
3		99
4		122
5		113
6		130
7		123
8		122
9		122
10		108 (82)
11		77
12		128
13		二分音符＝76
14		140
15		122
16		126
17		120
18		110
19		160 (157)
20		117
21	卒園系	85
22		符点四分＝60
23		120
24		120
25		104
26		92
27		96
28		96
29		92
30		125
31		89
32		108
33		63 (80)
34		122
35		98
36		110
37		77
38		86
39		94

筆者作成

表3を見てみると、「友達系」の歌の方が「卒園系」の歌よりも全体的にテンポが速いことがわかります。

2　リズム

　音楽に歌詞が付くと、その言葉の抑揚やリズムが必然的にメロディーに影響を与えます。「歌」は様々なアプローチで作曲されているため、歌詞先行で作曲される歌もあれば、メロディーが先に作られて、歌詞が後付けされる場合もあり、シンガーソングライターによって作曲された場合などは、歌詞とメロディーが同時に生み出されることもあります。

　日本語の「ともだち」という言葉が日常会話の中で使われる時には、特に特殊なリズムを伴うことはなく、八分音符が4つ均等に続いたリズムになるのではないでしょうか。音程の抑揚（イントネーション）としては、方言や地域性によって変化はあるでしょうが、**譜例1**のように、はじめの「と」が低く、「もだち」が高くなるようになるのが一般的です。

譜例1　ともだちのリズム

本研究で取り上げる39曲の中にも、このような４つの均等な八分音符のリズムとしてメロディーに出てくるものがいくつもあります。例えば以下のようなフレーズが挙げられます。

　興味深いのは、39曲中10曲に、このリズムのフレーズは出てはきますが、**譜例１**で示した日本語として自然な「低―高―高―高」という音程が使われている例は一つも見られないことです。大抵の場合、上行のフレーズか、あるいはNo.5のようにすべて同じ音程で「ともだち」が歌われています。また、以下の例のように、同じ連続した八分音符のリズムでも、「ともだち」の「と」が強拍に当たらないように拍をずらして「アウフタクト（弱起)」のように使われている例もあります。

　次に多く使われているリズムは、俗に「タッカのリズム」と言われている付点付きのリズムです。以下に例を挙げます。

　No.7にみられるように、付点のリズムでもアウフタクトによって、強拍の位置が「ともだち」の頭の「と」ではなく「だ」に移行しているケースもあります。言葉とリズムは互いに影響を与え合うため、歌詞として

の「ともだち」という言葉に、どのようなリズムが割り当てられている
のかには作曲者の意図が大いに含まれていると考えられます。

3 テンポとリズムに着目した考察

第4節では、音楽的観点から、特にテンポとリズムに注目して考察し
てきましたが、いくつか興味深い点が明らかになりました。

まず、テンポに関しては、予想よりも大きなテンポの幅があることが
わかりました。全体的な傾向としては、友達系の歌はテンポが速く、卒
園系の歌はゆったりとしたテンポで歌われています。さらに、ここでは
言及しませんでしたが、楽譜と演奏テンポに大きな違いのある曲もあり
ましたので、それについても今後の研究で取り上げていきたいです。

次に、リズムと音程に関しては、通常は「低―高―高―高」というイ
ントネーションになる「ともだち」という言葉が、歌の歌詞として用い
られる時には言葉本来のイントネーションに沿った音程が付けられるこ
とは稀だということです。通常、「あめ」や「はし」などの同音語が存
在する場合には、「雨（高―低）」あるいは「飴（低―高）」、「箸（高―低）」
あるいは「橋（低―高）」のように、イントネーションによって意味が
変わる場合は、歌の歌詞として歌われる場合も本来のイントネーション
を維持した形の音程が付けられます。しかし「ともだち」という言葉に
は同音語が存在しないため、どのようなリズムや音程になっても「友達」
という意味を失うことはありません。そのため、比較的自由な音程やリ
ズムが割り当てられているのではないかと思われます。

この他にも、調性や音域、形式などについても考察できそうです。例
えば、今回取り上げた39曲には、♭が4つの変イ長調から、♯が4つの
ホ長調まで、8つの長調が含まれています。音域については、長7度か
らオクターブ＋完全5度までの幅がありました。このような側面からの
考察についても、今後の研究でさらに深めていきたいところです。

第**5**節　まとめと今後の課題

　本章では、友達・友情をめぐる顕在的カリキュラムの一考察として、子どもの歌にみる友情観について、歌詞と音楽的側面（テンポ、リズム）の面から検討してきました。子どもの歌は、歌詞上の文脈、音、保育者の様子を含む歌唱の状況等、様々な形で「友達」のイメージを伝えます。本章の第3節、4節のような分析を有機的に組み合わせ、子どもへのイメージの伝わり方の考察を深めることが今後の課題となります。

＜付記＞
　本章は、第1節1、第2、3、5節を歌川が、第1節2、第4節を稲木が担当した。歌川執筆分については、上廣倫理財団研究者公募助成（2021年度）及び、聖路加国際大学教育研究費の助成を受けた。

【引用・参考文献】

濱野義貴「子どもの歌の歌詞にみるともだち観―幼稚園教育要領の領域「人間関係」成立以後に着目して―」明星大学通信制大学院教育学研究科修士論文、2021年

樋口耕一『社会調査のための計量テキスト分析［第2版］』ナカニシヤ出版、2020年

石田光規『友人の社会史』晃洋書房、2021年

磯辺菜々「絵本に描かれる『友情』イメージと友情至上主義の社会学的分析」『教育・社会・文化』17、pp.15-35、2016年

菅野仁『友だち幻想―人と人の〈つながり〉を考える―』筑摩書房、2008年

水引貴子・歌川光一「「友達」をめぐる保育内容（人間関係）と生活科、道徳、特別活動のカリキュラムの接続とその課題―2017年改訂学習指導要領・幼稚園教育要領の検討を中心に―」『敬心・研究ジャーナル』1巻2号、

pp.131-137、2017年

水引貴子・歌川光一・濱野義貴「友達との関係づくりをめぐる小学校第一
　　学年の顕在的カリキュラムの検討―生活科教科書と道徳の読み物教材
　　の比較から―」『敬心・研究ジャーナル』2巻1号、pp.129-134、2018年

歌川光一「「友達」をめぐる幼保小連携に向けて―保育内容・生活科・道徳
　　―」現代保育問題研究会編『保育をめぐる諸問題』（現代保育内容研究
　　シリーズ3）一藝社、pp.33-45、2018年

第9章　保育職における資格制度のあり方について
―フィンランドのケア共通基礎資格ラヒホイタヤを手がかりに―

はじめに

　わが国において、養護と教育が一体となって行われる場所として幼稚園や保育所があり、職員として幼稚園教諭や保育士がおります。近年では、幼保一元化を体現した「認定こども園」が創設され「保育教諭」が新たな職員として制度化されました。一方で国は少子化により2020（令和2）年から2035年までの看護師・介護職員・保育士の需給予測を行い、将来における医療・介護・保育の需給バランスを都道府県別に検証分析し、医療・介護・保育の領域での深刻な職員不足が報じられております。

　多様化する家族形態やライフスタイルの変化に伴い、保護者の保育ニーズも多様化しています。また、子どもや家庭に生じる生活課題がより複雑化してきています。これらに対して、一人の保育者が関われる限界があり、多様化する子育て支援の質保証の対応として、厚生労働省は2022（令和4）年2月、子ども家庭福祉の新しい資格「子ども家庭福祉ソーシャルワーカー」の創設などを盛り込んだ報告書がまとめられました。これは、保育士の役割として、ケアワークだけではなく、よりソーシャルワークの専門性が求められることを意味します。

　わが国では人材確保の観点から「厚生労働省まち・ひと・しごと創生サポートプラン」において、介護・福祉サービスを融合させる推進方策とともに、これらのサービスの担い手となる専門職種を統合・連携させる方策を検討するためのチームを省内に設置し日本版ラヒホイタヤの導入が検討されたが結果的には見送られました。また、今わが国では「2025

年問題」[注1]あるいは「2040年問題」[注2]とし、労働力人口が減少している
状況下において不足する福祉分野で保育・介護職員の人員確保を中心に
議論が展開されております。フィンランドのケア共通基礎資格ラヒホイ
タヤを手がかりに保育職における資格制度のあり方について考察します。

第1節 保育職における資格制度

1 わが国の資格制度の概要

　幼稚園教諭については1947（昭和22）年に制定された学校教育法第81
条に「教諭は、幼児の保育をつかさどる。」とあります。保育士につい
ては1948（昭和23）年に児童福祉法が制定され、働く人は保母資格取得
証明書が必要となりました。これが保母資格です。さらに、女性のみが
取得可能だった保母資格は、1977（昭和52）年の児童福祉法の改正によ
り男性も「保母に準ずるもの」として「保父」という呼称も認められる
ようになりました。そして、1999（平成11）年、「保母」「保父」ともに
性別による名称の違いのない「保育士」へと呼称が変更になりました。
現在の保育士資格になったのは2003（平成15）年です。児童福祉法の改
正で保育士資格は国家資格となり、専門職として男女にかかわらず保育
士資格が取得可能になりました。また、保育士の国家資格へと変更にな
るのと同時に、保育の知識や技能の向上など、保育士の資質も求められ
るようになりました。
　保育教諭については、「幼保連携型認定こども園」で保育にあたる職
員の総称として創設されました。幼保連携型認定こども園は、2015（平
成27）年度からスタートした「子ども・子育て支援新制度」において、
旧来の認定こども園法を改正し、「学校及び児童福祉施設としての法的
位置付けを持つ単一の施設」として創設されました。現在、幼児教育・

保育にあたる者の免許・資格としては、幼稚園教諭免許と保育士資格の２つがありますが、幼保連携型認定こども園で働く「保育教諭」はこの両方を有することを原則とします。しかし、実際には幼保連携型認定こども園で保育にあたる職員のなかには幼稚園教諭免許か保育士資格のどちらかの免許しかもっていない人も多いことから、法改正と同時に、2019（平成31）年度末までの５年間の時限措置として、どちらか１つの免許・資格をもつだけでも「保育教諭」として働くことができ、同時に働きながら両方の免許・資格を取得できる「特例措置」が設けられました。

2　子ども家庭福祉ソーシャルワーカーの創設

　厚生労働省は2022（令和４）年２月、子ども家庭福祉の新しい資格「子ども家庭福祉ソーシャルワーカー」の創設などを盛り込んだ報告書がまとめられました。2024年４月の制度開始を目指しております。社会保障審議会児童部会社会的養育専門委員会[注3]によると、この資格は子どもがいる家庭の多様化する課題の解決、対応できる人材を養成することで、子どもたちの暮らしや伸びやかな成長、その権利を守ることを目的としており、２年以上の実務経験がある社会福祉士や精神保健福祉士が指定研修を受けて受験できる資格になる予定です。またそれらの資格がなくても、子ども家庭福祉分野や保育分野で４年以上の実務経験があれば、ソーシャルワークに関する研修を受講することで、受験資格を得られるようになる予定です。

　この資格は、家庭的養育の推進や、虐待予防、家庭支援の強化に伴い、児童相談所のみならず、市区町村の虐待相談対応部門、乳児院や児童養護施設等のファミリーソーシャルワーカー、児童家庭支援センター、保育所などの幅広い職場においてソーシャルワークの重要性が増してきております。この資格の国家資格化をめぐってはこれまで、委員の意見が分かれ、民間資格とすることとしましたが、施行後２年をめどに国家資格化を再度検討することとなりました。

3 複雑化する生活課題とソーシャルワークの手法

　先にあげたように、多様化する家族形態やライフスタイルの変化に伴い、保護者の保育ニーズも多様化しており、子どもや家庭に生じる生活課題がより複雑化してきております。本来、子育て支援の専門職としての保育士の役割にはケアワーカーとしての役割が保育所保育指針などに示されていますが、子育て支援、地域連携・協働など、利用者の生活課題に対し、さまざまな社会資源を活用して環境調整を行い、利用者自身の問題解決能力を引き出すというソーシャルワークの手法を学び活用することも求められております。

第2節　フィンランドにおけるラヒホイタヤ制度とは

1 ラヒホイタヤの概要

　ラヒホイタヤ資格は、フィンランドにおいて1990年代半ばに創出された社会・保健医療ケア分野の共通基礎資格です。フィンランド語で「lahi」（ラヒ）は「身近な」、「hoitaja」（ホイタヤ）は「世話をする人」で、「日常的なケアをする人」という意味があります。英訳は practical nurse です。日本と同様少子高齢化が進んでいる中で予想される人材不足への対策として考えられた制度です。ラヒホイタヤ資格の導入は社会サービス・保健医療分野の課題解決にとどまらず、経済環境の変動に対応した労働政策や教育政策の見直しという課題も、資格導入の背景としてあります。1990年代初頭からのマイナス成長の経済危機、若年失業者層の拡大等の雇用問題の悪化を背景に、労働市場の構造改革の必要に迫られるなかで、従来からの教育を通じた人的資本への投資は維持しつつも、社会の高齢化に伴う労働市場の構造・環境変化に対応できる人材開発の一環として、社会福祉・

保健医療分野においても、分野間・職業間の移動かつキャリア継続の可能な柔軟な専門人材を育成する重要性が高まり、それに適合的な資格教育および職業訓練教育の改革が行われたのです。ラヒホイタヤには以下の10の資格が統合されております。

　准看護師

　精神障害看護助手

　歯科助手

　保育士

　ペディケア職業資格

　リハビリ助手

　救急救命士・救急運転手

　知的障害分野職業資格

　ホームヘルパー

　日中保育士

　※資格については日本の資格制度に合わせた名称とした。

　ラヒホイタヤを資格取得するためのルートには２つあり、１つは、義務教育（７〜16歳）卒業後、３年間の職業教育訓練の中等資格課程に進学して必要単位を取得する方法です。１年目は教養科目、語学、医療・福祉の理論教育と実習などで、２年目は高齢者実習などが中心となり、３年目は障害者、精神、薬物依存などの専門教育を受けます。実習の評価は実習先の施設で行われます。もう１つは、一般の中等教育課程（日本の高校相当）の修了者（社会人や退職者なども含む）が、養成校に進学し、２年間の教育を受けて資格取得をする方法です。いずれも学費などは無料です。食事も無料で提供されます。２年教育の場合は１年目で保育・看護・介護・リハビリなど幅広い内容を学び、２年目に各専門分野へと進みます。例えば、保育の分野を選択し専門的に学び、保育施設

に就職し他の分野に転職するとしても、必要になる専門分野の講座を、働きながら追加で受講することも可能です。ラヒホイタヤの職能としての位置づけは名称独占のものであり、業務独占ではありません。

共通職業資格教育では、全員が、3つのプログラム「発達の支援と指導」「看護と介護」「リハビリテーション支援」を履修します。その後、専門職業資格教育において、より専門的な分野の知識技術取得にむけて、9つの専修課程より1つを選択します。専修課程は、「救急ケア」「リハビリテーション」「児童・青少年向けケア・養育」「精神保健および薬物依存への福祉対応」「看護および介護」「口腔・歯科衛生」「障害者ケア」「高齢者ケア」「顧客サービス・情報管理」があります。

ラヒホイタヤの資格を取得した場合、保育園や在宅サービス、通所型ケア等のオープンケア・地域の公設医療センター等のヘルスセンター、病院やリハビリホームやナーシングホーム・保健医療社会サービスに関する施設などで働くことができます。資格を取得した人の医療施設・福祉施設への就職率は高いです。

2　エスポー市立職業訓練学校オムニア

フィンランドのエスポー市にあるラヒホイタヤを養成する職業訓練学校オムニアのホームページの内容によると、職業高等中等教育・高等中等教育、若者・成人向けワークショップ、職業資格・リベラル成人教育コース、企業向け研修・職業訓練・採用支援を提供しており、ラヒホイタヤ以外でも、造園、建築、IT、美容、ケイタリングなど50種以上の資格が認定されており、移民のためのサポートも行っております。運営費のほとんどは、フィンランド教育庁および労働・経済産業省から拠出されています。

提供しているコースの概要は主として「職業基礎資格」「職業上級資格」取得に係るコースを提供していますが、それ以外のコースも多くあります。現在、約 4,000 人の受講者がおり、その半数が職業資格取得のため

のコースを、15％程度が移民でありフィンランド語のコースを受講しております。また、受講者全体の約3分の2が女性です。

3 授業に参加して

筆者は、実際にフィンランドエスポー市立職業訓練学校「OMNIA（オムニア）」を訪問し授業の様子を見学しました。訪問日は2020（令和2）年2月26日です。1コマ目の授業（9時～9時50分）を見学しました。「ソーシャルヘルスにおける職業資格」の授業で、学生は10名の出席で、移民者向けのクラスでした。普段は英語とフィンランド語で進められるとのことであったが、当日は見学者がいたということで終始英語で進められました。

訪問時の「OMNIA」の授業の様子

当日は「絵本のバック」というタイトルで授業が進められました。授業に臨むにあたって学生には絵本を持参することが伝えられておりました。それぞれ持ち寄った絵本を題材に資料が配布され授業が進められました。必要に応じ、座席の前後左右2～3名でディスカッションやプレ

ゼンテーションが行われました。

　配布資料の訳は以下の通りです。

1．絵本を選ぶ

　・何歳児向けの絵本ですか？

　・なぜこの絵本を選びましたか？

　・この絵本からどんな感情がわいてきましたか？

2．絵本を注意深く読んでみてください。どうすれば伝えられるか考えてみてください（絵、写真、おもちゃ、違ったアイテム、声、音…）。

3．それらアイテムなどを入れるバックを見つけます。

4．練習してみてください。

5．プレゼンテーションをしてみてください。

6．あなた自身の創造性を楽しんでください。

　学生たちは、基礎教養の単位、職業資格教育の単位、現場実習（1160時間以上）、卒業研究の単位が必修となり、必要な単位数を得て資格が与えられるとのことでした。実習の単位認定については日本の単位取得のシステムと違って実習施設に認定が任されているとのことでした。

4　フィンランドの保育について

　フィンランドの保育施設は多様であり、その分類にも様々なものがみられます。フィンランドの公立保育所では幼稚園教諭と保育士が異なる資格を持ちながら、共に保育に従事しております。提供される保育の形態上の違いから、デイケアセンターを含む幼稚園、ファミリーデイケア、プレイアクティビティの３つに分類され、さらにエシコールと呼ばれる就学前教育が実践されている幼稚園があります。デイケアセンターを保育所と訳していますが、実際には保育所と幼稚園の機能をあわせもつ「認定こども園」に近い施設と考えられます。

第**3**節　まとめ

　わが国の看護師・介護職員・保育士など専門職の確保における「2025年問題」を目前とし、労働力人口が減少している状況下で不足する福祉分野での職員及び施設の確保を問題として取り上げました。そうした中でフィンランドのケア共通基礎資格のラヒホイタヤの制度を手がかりにまとめたいと思います。わが国では共通基礎課程の対象職種として、医療系分野であれば、看護師・准看護師・理学療法士・作業療法士・視能訓練士・言語聴覚士・診療放射線技師・臨床検査技師であり、福祉分野であれば、社会福祉士・介護福祉士・精神保健福祉士・保育士などであり、2015年に厚生労働省がプロジェクトチームを立ち上げ、資格の統合が検討され福祉の現場関係者からのヒアリングで医療分野との統合が見送られた経緯があります。現状をまとめると、保育士資格について、以下に示す通り、免除科目が設定されております。

1　保育士試験・保育士資格養成施設の免除科目

　保育士試験では免除申請することにより、「保育の心理学」と「教育原理」と「実技試験」が免除になります。「社会的養護」は受験の必要があります。また、「指定保育士養成施設」において筆記試験に対応する教科目を修得した場合、筆記試験科目が免除されます。

　保育士試験では社会福祉士・介護福祉士・精神保健福祉士のいずれかの資格があれば、受験申請の際に登録証のコピーを提出することにより、筆記試験科目の「社会的養護」「子ども家庭福祉」「社会福祉」が免除になります。また、上記以外の残りの科目についても、指定保育士養成施設において、科目等履修により筆記試験科目および実技試験に対応する教科目を修得した場合、指定保育士養成施設が発行する「社会福祉士、介護福祉士又は精神保健福祉士保育士試験免除科目専修証明書」を提出することにより、筆記試験科目の一部または全部および実技試験を免除

することができます。修得した教科目が、筆記試験科目に対応するかどうかは、卒業（教科目を修得）した学校（指定保育士養成施設）に確認することになります。

　また、介護福祉士養成施設の卒業者が指定保育士養成施設で保育士資格を取得する場合、福祉職の基盤に関する科目に該当する科目の履修が免除されます。具体的な履修科目は「児童家庭福祉（講義）」、「社会福祉（講義）」、「相談援助（演習）」、「社会的養護（講義）」、「家庭支援論（講義）」、「社会的養護内容（演習）」などがあります。

2　幼保連携型認定こども園における特例措置

　先にあげた幼保連携型認定こども園の保育教諭について、特例措置は以下のとおりです。幼稚園教諭免許、あるいは保育士資格のいずれかをもち、「3年以上かつ4320時間以上の実務経験を有する者」で、（1）幼稚園教諭免許をもつ者が保育士資格をとる場合には、保育士養成施設において「特例教科目」を受講することで保育士資格を得ることができるようにしました。（2）幼稚園教諭免許をもつ者が全国の都道府県で行われる保育士試験を受験して保育士資格を得ようとする場合には、筆記試験8科目のうち「保育の心理学」「教育原理」の2科目と、二次試験にあたる「実技試験」の科目が免除されることとなりました。（3）保育士資格をもつ者が幼稚園教諭免許をとる場合には、大学で講義を受けて「教育課程の意義及び編成の方法」「幼児理解の理論及び方法」など5科目8単位を取得することで、大卒者には一種、短大・専門学校等卒者には二種の免許が与えられるようになりました。

3　子ども子育て新制度での潜在保育士の活用について

　潜在保育士とは、保育士の資格を持っているものの、現在保育の仕事に就いていない人のことを指し、厚生労働省の調査によると、潜在保育士の人数は全国に約95万人となっております。そのなかでも、潜在保育

士のパターンは2つあると考えられます。①保育士資格を持っているが、保育施設で働いたことがない（約17％―厚生労働省調べ。以下同じ）、②保育士資格を持っており、過去に保育施設で働いていた（約83％）。潜在保育士が復帰しない理由として、①労働条件が一致しない（保育士として働きたいという希望はあるものの、ライフスタイルに合った労働条件で雇ってもらえる求人がなかなか見つからない）、②子育てとの両立のため通勤時間・勤務日数・勤務時間などが合わないなどが考えられます。

　潜在保育士開拓のため各自治体では、①求職者に対する保育園への就職支援（保育園とのマッチング）、②就職支援研修や就職相談会の開催、③保育士への就職希望者のうち、未就学の子どもを育てる人に対する復帰支援資金・預かり支援資金の貸付、④キャリアアップ研修や保育人材育成研修の実施などを積極的に行っております。

４　日本版ラヒホイタヤへの期待

　フィンランドでは、ラヒホイタヤ資格を取得した場合、保育園や在宅サービス、通所型ケア等のオープンケアや地域の公設医療センター等のヘルスセンター、病院やリハビリホームやナーシングホームや保健医療社会サービスに関する施設などで働くことができます。また、病院やリハビリホームやナーシングホームで働いた後の転職先として保育園なども可能です。フィンランドと日本は、どちらも速いスピードで少子高齢化が進んでいる点が似ており、ラヒホイタヤ制度はそこでの成功例として日本でも注目され、導入についての議論が始まりました。2015（平成27）年には厚生労働省がプロジェクトチームを立ち上げ、福祉・医療に関連する10の資格の統合を検討することになりました。福祉の現場関係者からのヒアリングを行った結果、准看護師との統合は断念されたものの、保育士と介護福祉士については双方の資格を取りやすくする方針が出されました。2018（平成30）年からは、介護福祉士などが保育士資格

を取る場合に試験科目が一部免除されるようになりました。また福祉分野の専門職に共通する基礎課程を設ける方針についても検討が続いています。今後は、ソーシャルワークの視点から社会福祉士、精神保健福祉士との資格の統合も視野に検討が必要と思われます。介護と保育、両分野で働き手が不足している現状を考えれば、日本版ラヒホイタヤには一定の期待が持てるようになるのではないでしょうか。

【注１】2025年、いわゆる「団塊の世代」800万人全員が75歳以上、つまり後期高齢者となり、超高齢社会が訪れることで生じるさまざまな影響のこと。雇用や医療、福祉といったさまざまな分野へ多大な影響を及ぼすことが予想されています。

【注２】第２次ベビーブームとされる団塊ジュニア世代がすべて65歳以上となり、３人に１人が高齢者となるのが2040年問題で医療・看護・福祉などの領域で人材不足が予想されています。

【注３】第27回社会保障審議会児童部会社会的養育専門委員会2021（令和３）年４月23日の資料より。

【参考文献】

小川恭子・坂本健編著『実践に活かす社会的養護Ⅰ』ミネルヴァ書房、2020年

新保育士養成講座編纂委員会編『社会的養護』全国社会福祉協議会、2011年

フィンランド大使館「フィンランドの子育て支援」〈https://finlandabroad.fi/web/jpn/ja-finnish-childcare-system〉（2022.10.1 最終アクセス）

厚生労働統計協会編『国民の福祉と介護の動向2020/2021（第67巻10号）』厚生労働統計協会、2020年

社会福祉士養成講座編集委員会編『新・社会福祉士養成講座６　相談援助の基盤と専門職　第３版』中央法規出版、2015年

現代保育問題研究会編『現代保育論』一藝社、2018年

現代保育問題研究会編『保育をめぐる諸問題Ⅱ』一藝社、2019年

谷田貝公昭監修、佐藤純子・髙玉和子編著『子育て支援』（保育士を育てる
④）一藝社、2020年

フィンランドエスポー市立職業訓練学校 OMNIA のホームページ Omnia:
Etusivu〈https://www.omnia.fi/en〉（2022.10.1 最終アクセス）

「地域包括ケアシステムに必要とされる人材の考え方　―フィンランドの社
会・保健医療ケア共通基礎資格ラヒホイタヤを手がかりに―」森川美
絵『保健医療科学』Vol.61 No.2、pp.130-138、2012年

第10章 障害児支援者の初期キャリアとコンピテンシーに着目した専門職養成プログラムの開発

はじめに

　障害の早期発見・早期支援は国の責務でもあり、その受け皿となる児童発達支援センター・児童発達支援事業所（以下：児童発達支援）の社会的役割は明らかになっています。児童発達支援では、障害のある子ども本人の最善の利益を保障することを目指した上で、「発達支援」「家族支援」「地域支援」に関するサービを提供することが求められます。近年、児童発達支援の利用者は増加傾向にあります。障害の確定診断前から利用できるため、発達の過程で障害が発見される自閉症スペクトラム等の発達障害群の子どもの利用は半数以上を占めている報告があります。多様な障害や発達の状態について一人ひとり正しく理解し、支援を提供するためには、障害児支援に特化した知識と技術を習得しておく必要があります。

　児童発達支援に従事する職員の保有資格は、保育士、教員、社会福祉士、作業療法士、言語聴覚士、看護師など、多様であるため、児童発達支援に特化した専門性を獲得するためには現場で経験を積むことも必要になります。一方で、子どもの最善の利益を保障するためには、サービスの質の担保は必要不可欠であるため、職員が専門性を獲得するための教育プログラムや支援の方法を考える必要があります。特に、新卒者は専門性像がつかみにくいため、指標となる専門性を明確に提示することが大切です。この指標として、コンピテンシーは有効であると捉えられ、医療・看護・教育・福祉・教育等の専門職の指標や教育効果の測定、キャ

リアパスに導入できるツールなどが開発されています（池田 2005、宗村 2007、宗村ら 2013、武村ら 2014）。保育分野においても開発され、養成教育や支援者養成に活用できる可能性も示されています（高山 2009）。筆者は、未開発であった障害児支援分野において、児童発達支援に従事する職員のコンピテンシーを明らかにするための研究をすすめてきました。

　本研究は、職に就いてから 3 年目までの初期キャリアにある障害児支援者を対象とした研修プログラムの開発を行うことを目的としたものです。研究方法は、これまでの筆者が行ってきた障害児支援者コンピテンシーの開発にかかわる研究（藤田 2019）における研究成果から、初期キャリアにある障害児支援者に特化した研修のポイントを整理し、開発した 5 領域のコンピテンシー項目の研修内容を提案しました。

＜倫理的配慮＞

　これまでの研究においては、主に児童発達支援センター X の初期キャリアにある障害児支援者 5 名を対象としてインタビューやグループワークを実施しました。研究への協力は個人の意思に基づくこと、研究への協力を承諾した後でも取りやめることができること、面接調査の際に負担を感じる時にはいつでも面接調査を中止できること等を説明し、文書及び口頭で同意を得ました。研究結果に関しては、個人が特定されない形で学会発表や論文として発表すること等を説明し、同意書への署名を得ました。

第1節 これまでの研究から

1 障害児支援者コンピテンシーモデルの開発

　障害児支援分野において、専門性の指標となるコンピテンシー研究は未開発であったため、筆者は幼児期の障害児通所支援サービスを行う児童発達支援センター等に従事する障害児支援者のコンピテンシーモデルの開発に向けた研究を行ってきました。児童発達支援センターへの参与観察及び障害児支援者のグループインタビューを通して障害児支援者のコンピテンシーとなる要素を抽出した上で、コンピテンシーモデルとコンピテンシー領域と概念形成、項目作成を行いました（藤田 2019）。コンピテンシー領域は「Ⅰ関心・意欲・態度」「Ⅱ社会人基礎力」「Ⅲ知識」「Ⅳ技術」「Ⅴ実践と省察」とし、全142項目を作成しました（**表1**）。

表1　コンピテンシー領域・概念・項目数

領域	概念	項目数
関心・意欲・態度	障害児の発達支援、家族支援、地域支援に関心や意欲を持ち、支援に臨む態度が備わっている。	24
社会人基礎力	社会人としての基礎的な能力及びコミュニケーション力、ストレス対処能力が備わっている。	33
知識	児童発達支援を利用する幼児期の障害児の発達支援、家族支援、地域支援の知識を持っている。子ども一人一人の障害の特性や発達の状態を理解した上で、発達支援、家族支援、地域支援を行っていくための知識を持っている。	27
技術	児童発達支援を利用する障害のある子ども本人の最善の利益を保護する支援を行う技術を兼ね備えている。障害児の発達支援、家族支援、地域支援を行うためのアセスメントの技術、児童発達支援計画、評価を行う技術を兼ね備えている。家族、障害児の利用する他機関、関係機関と連携できる力を持っている。	36
実践と省察	日々の実践を通して、障害のある子ども一人一人の理解、家族の理解を深める努力をし、よりよい支援を創り出していく実践ができる。記録を書くことやスタッフミーティング及び研修等で自己の実践をふりかえり、ふりかえった内容を実践に生かす努力ができる。	22

筆者作成

2 障害児支援者コンピテンシーモデルの提案と検討

　これまでの研究として、障害児支援に携わる支援者のコンピテンシーモデルの開発に向けて作成したコンピテンシーアセスメント項目（5領

域142項目）の信頼性を検討しました。さらに、役職や経験年数とコンピテンシー獲得度との関連をみてきました。これらの検討をもとに、幼児期の障害児支援に携わる児童発達支援センターの職員の専門性をイメージできるコンピテンシーモデルを提案しました（藤田　2019）。

3　児童発達支援に携わる支援者を対象としたアンケート調査の実施

（1）調査対象者

　調査対象者は、Ａ地方（8県）の児童発達支援センター、児童発達支援事業に勤務する職員です。回答者は611名でした。コンピテンシーアセスメント項目として5領域「関心・意欲・態度24問、社会人基礎力33問、知識27問、技術36問、実践と省察22問」の142問を構成し、4択（思わない、あまり思わない、まあまあ思う、思う）で回答を求めました。回答が得られた支援者の所有している資格は保育士が60％と一番多く、次に教員免許保有者が44％、社会福祉士8％、介護福祉士6％でした。その他は、心理職（臨床心理士、臨床発達心理士等）、療法士（作業療法士、理学療法士、言語聴覚士）でした。職位別は**図1**に示しました。

図1　回答者の役職

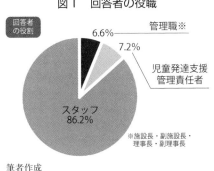

回答者
の役割

6.6%　　　　管理職※

7.2%

児童発達支援
管理責任者

スタッフ
86.2%

※施設長・副施設長・
理事長・副理事長

筆者作成

（2）結果

　作成したコンピテンシーアセスメント項目について α 係数を求めたところ、「関心・意欲・態度（24項目）」は0.932、「社会人基礎力（33項目）

は0.952、「知識（27項目）」は0.945、「技術（36項目）」は0.969、「実践と省察（22項目）」は0.943と高値が得られ、高い信頼性が確認されました。4択で求めた回答を「思わない、思う」の2カテゴリーに分類して分析を行いました。信頼性を検討するために、各領域別にクロンバックのα係数を算出しました。また、各領域の総合的評価を行うために、各領域別に主成分分析を行い、尺度の統合を図りました。その結果、5領域すべてで、各項目における第一成分の主成分負荷量が0.3を超えており、第一主成分得点は、各領域を反映する総合評価（コンピテンシー獲得度）として利用可能であると判断しました。解釈を容易にするために、各領域のコンピテンシー獲得度は50を平均とした偏差値に換算して示すこととしました。職位、経験年数とコンピテンシーの獲得との関連をみるために、年齢と性別を調整した共分散分析を用い、一次線形 Trend 検定を行いました。

＜コンピテンシー領域：関心・意欲・態度＞

　職位別では、職員、児童発達支援管理責任者（児発管）、管理者と職位が高いほど、高いコンピテンシーを有している傾向にありましたが、この線形関係は有意ではありませんでした。一方、経験年数の長短とコンピテンシー獲得度との間には、有意な線形関係が認められ、経験年数が長いものほど、高いコンピテンシーを有していました（**図2、図3**）。

図2　職位と関心・意欲・態度との関連

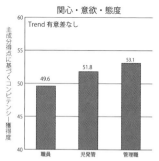

グラフは、年齢と性別を調整した平均値と95%信頼区間を表す
筆者作成

図3　経験年数と関心・意欲・態度との関連

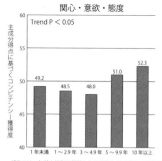

グラフは、年齢と性別を調整した平均値と95%信頼区間を表す
筆者作成

＜コンピテンシー領域：社会人基礎力＞

　職位の高低および経験年数の長短とコンピテンシー獲得度との間に、有意な線形関係は認められませんでした（**図４、図５**）。

図４　職位と社会人基礎力との関連

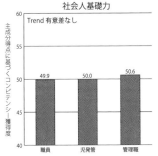

グラフは、年齢と性別を調整した平均値と95％信頼区間を表す
筆者作成

図５　経験年数と社会人基礎力との関連

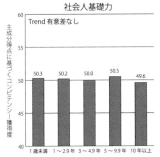

グラフは、年齢と性別を調整した平均値と95％信頼区間を表す
筆者作成

＜コンピテンシー領域：知識＞

　職位別では、職位の高低とコンピテンシー獲得度との間に有意な線形関係が認められ、職員、児童発達支援管理責任者、管理者と職位が高い者ほど、高いコンピテンシーを有していました。また、経験年数の長短とコンピテンシー獲得度との間に有意な線形関係が認められ、経験年数が長い者ほど、高いコンピテンシーを有していました（**図６、図７**）。

図６　職位と知識との関連

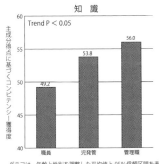

グラフは、年齢と性別を調整した平均値と95％信頼区間を表す
筆者作成

図７　経験年数と知識との関連

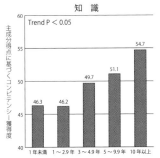

グラフは、年齢と性別を調整した平均値と95％信頼区間を表す
筆者作成

＜コンピテンシー領域：技術＞

　職位別では、職位の高低とコンピテンシー獲得度との間に有意な線形関係が認められ、職員、児童発達支援管理責任者、管理者と職位が高い者ほど、高いコンピテンシーを有していました。また、経験年数の長短とコンピテンシー獲得度との間に有意な線形関係が認められ、経験年数が長い者ほど、高いコンピテンシーを有していました（**図8、図9**）。

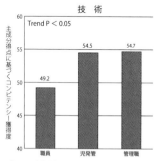

図8　職位と技術との関連

グラフは、年齢と性別を調整した平均値と95%信頼区間を表す
筆者作成

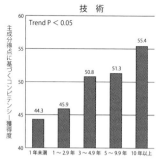

図9　経験年数と技術との関連

グラフは、年齢と性別を調整した平均値と95%信頼区間を表す
筆者作成

＜コンピテンシー領域：実践と省察＞

　職位別では、職員、児童発達支援管理責任者、管理者と職位が高い者ほど、高いコンピテンシーを有している傾向にありましたが、この線形関係は有意ではありませんでした。一方、経験年数の長短とコンピテンシー獲得度との間には、有意な線形関係が認められ、経験年数が長い者ほど、高いコンピテンシーを有していました（**図10、図11**）。

図10　職位と実践と省察との関連

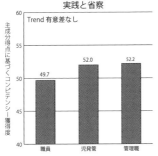

実践と省察

Trend 有意差なし

グラフは、年齢と性別を調整した平均値と 95%信頼区間を表す
筆者作成

図11　経験年数と実践と省察との関連

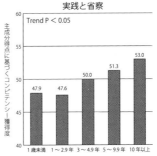

実践と省察

Trend P < 0.05

グラフは、年齢と性別を調整した平均値と 95%信頼区間を表す
筆者作成

（3）児童発達支援に携わる支援者のコンピテンシーモデルの提案

　実施したすべての研究をふまえ、幼児期の障害児通所支援に携わる支援者のコンピテンシーモデルとして、初期キャリアを形成するおおむね３年以内のモデル（**図12**）と、３年以上のキャリアを持つ支援者のモデル（**図13**）を２つ提案しました。

　初期キャリアをおおむね３年以内とした「初期キャリア形成期のコンピテンシーモデル」です。コンピテンシーの基盤となる能力・資質として、「関心・意欲・態度」「社会人基礎力」を置きました。その能力・資質を土台として、児童発達支援の３つの柱となる「発達支援」「家族支援」「地域支援」を行うための「知識」と「技術」が必要となります。「知識」と「技術」においては、養成校等で保有する資格を取得するために獲得した知識・技術を中心とした能力が想定されますが、児童発達支援に従事するための実践能力として十分に備わっていない場合もあるため、児童発達支援に携わる日々の「実践と省察」の積み重ねの中で培かわれることを想定しました。「知識」「技術」「実践と省察」の３つのコンピテンシーの重なりの部分を「実践能力の形成」としました。

　初期キャリアで獲得したコンピテンシーを総括した実践能力をもとに、さらにキャリアを積みながら自己を成長させていく力が必要となります。

キャリアを積んでいく過程においては、支援の場で出会う障害のある子どもと家族から学ぶ姿勢を忘れず、常に「実践と省察」を通して、高次な「知識」「技術」を習得していきながらキャリアアップしていくことが必要になります。児童発達支援においては3年以上のキャリアで児童発達支援管理責任者になるための研修が受けられるため「管理・運営能力」を備えていることが求められます。

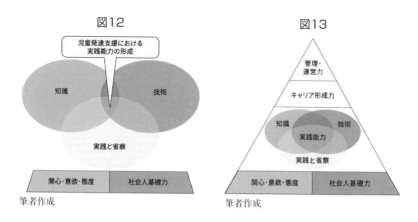

図12　　　　　図13

筆者作成　　　　　筆者作成

４　初期キャリアにある障害児支援者の専門性獲得過程に関する研究

　経験年数とコンピテンシー獲得度の関連についての分析結果から、初期キャリアにある3年未満の障害児支援者のコンピテンシー獲得度が低い傾向にあるため、この時期に計画的・継続的な教育や介入が必要であることが示唆されました。そこで、職に就いて3年以内の初期キャリアにある障害児支援者の専門性の獲得過程を明らかにするためのインタビューを実施し、どのような介入や支援が必要であるか考察を行ないました（藤田・永瀬 2021、藤田 2021）。さらに、2019年度より、実践的研究として、1か所の児童発達支援センターにて初期キャリアにある障害児支援者4～5名を対象に、実践を語るグループワークを定期的に行い、その効果を検証していました。

（1）初期キャリア支援者の専門性獲得過程

＜インタビュー調査Ⅰ―障害児支援者Ａ（経験３年、社会福祉士）＞

　児童発達支援センターに勤務する初期キャリアにある障害児支援者の専門性獲得過程を明らかにするために、児童発達支援センターに３年間勤務している社会福祉士の資格を有する障害児支援者（A）にインタビューを行い、インタビューから得られた語りをTEM（Trajectory Equifinality Model：複線径路・等至性モデル）によって分析しました。その結果、約３年間の「子どもとの関わり」「家族との関わり」「子どもが並行通園している保育機関との関わり」という具体的な業務の経験を積み重ね、他の職員の業務の様子から学ぶ中で、自身の専門性を深めていることが明らかになりました。しかしながら、「子どもとの関わり」に関する専門性の深まりを実感するようになると、「家族との関わり」に関する専門性についての迷いが生じるというように、障害児支援者としての専門性にある側面が深まると、異なる側面が意識されるという専門性が確立されるプロセスが際限のないものであるということも同時に明らかになりました。研究で明らかにしたTEMにおいて、１年目の必須通過点（OPP：Obligatory Passage Point）として、「障害児支援者としての自身の専門性に対する省察」、２年目の必須通過点（OPP）として、「障害児支援者としての子どもとの関わりを蓄積・省察しながら、先輩支援者の言動をみて学ぶ」、３年目の必須通過点（OPP）として、「障害児支援者として家族の関りを蓄積・省察しながら、先輩支援者が家族と関わる様子を見て学ぶ」が見出されました。すなわち、専門性を意識した省察を基盤とした上で、日々の業務を通して先輩支援者の言動を見て学ぶという行為を重ねながら自身の専門性を模索していました。初期キャリア終盤では、分岐点（BEP：Break Even Point）として、「障害児支援者として子どもを取り巻く環境（家族や保育機関）との関わりを蓄積・省察しながら、自身の専門性についての問いを深めている」という段階に至っているということが示唆されました。そして、EFP

（Equifinality Point：等至点）としての「ソーシャルワークを基盤とした専門性の確立」という自身の保有する資格と専門性を中核とした障害児支援者の専門性の確立を行なっていくことが考えられました。

＜インタビュー調査Ⅱ—障害児支援者Ｂ（経験３年、保育士）＞

　児童発達支援に３年間の勤務経験のある保育士の資格を有する障害児支援者（Ｂ）を対象にしたインタビュー結果をもとに、筆者が開発したコンピテンシー領域「Ⅰ関心・意欲・態度」「Ⅱ社会人基礎力」「Ⅲ知識」「Ⅳ技術」「Ⅴ実践と省察」を関連させた結果、Ｂは、障害児支援に対する関心と意欲を保持しながら、自身の保有資格である保育士の専門性と大学時代から学んでいる音楽療法をつよみにした障害児支援者として確実に成長していることがうかがえました。一方、その過程には、悩みや葛藤が常にあったが、「実践と省察」を積み重ね、業務を覚え、子どもの理解を深めつつ、家族に寄り添い、子どもを取り巻く環境（地域等）へも障害児支援者として真摯に携わっている姿がありました。３年間の経験が語られたデータをもとにＢが専門性を獲得するために必要だった要素を整理した結果、「①子どもとかかわる経験」「②家族とかかわる経験」「③地域の支援機関とかかわる経験」「④実践をふりかえる経験」「⑤危機（悩みや葛藤等）を乗り越える経験」の５つに整理することができました。

　初期キャリアの支援者を対象とした研修内容として、「知識」や「技術」を単に習得するだけの内容ではなく、それに加え、実践をふりかえる機会の提供が必要であることが考えられます。さらに、悩みや葛藤を言語化し、仲間や先輩と共有する時間を提供することが必要であることが考えられました。

<＜初期キャリア支援者を対象とした「実践を語りあう」グループワークの実施から＞

　職に就いて３年以内の初期キャリアにある障害児支援者の現在の業務についての様々な経験を仲間と共有する「実践を語りあう」グループワークを導入した研修プログラムを試行的に実施しました。成果として、初期キャリアにある支援者が実践を通して抱える不安・悩み・葛藤あるいは手ごたえや喜びを言語化することや仲間と思いを分かち合うこと、ファシリテーター（筆者）に肯定的に受け止めてもらう体験を定期的に行うことが有効であることが明らかになっています。

第2節　初期キャリア支援者の研修プログラムの開発

1　障害児支援者コンピテンシーにかかわる研究成果をもとにした研修プログラムの開発

　これまでの研究成果をもとに職に就いてからおおむね３年程度の初期キャリアにある支援者を対象とした研修プログラムの開発を行いました。初期キャリア支援者対象の研修プログラムを検討する際には、子どもや家族への具体的なかかわりの過程で浮上する感情・気づき・疑問等を言語化しながら、自らの実践をふりかえる時間をつくることが必須になると考えました。支援者自身の経験したことがエピソードとして語られ、自己の感情と向き合い、それが他者と共有されることとで、省察の機会が与えられます。また、ファシリテーターによって肯定されることや意味づけてもらうことで、子どもや家族の理解と支援においての自身の役割を認識し、悩みや葛藤に出会い、それを乗り越えるための実践が専門性を高めていく大切なプロセスであることに気づく機会にもなるでしょう。さらに、自身が持つ保育士等の資格が有する専門性を意識し、業務

に携わるために必要な専門性について具体的に考える機会を与えることも必要になります。実践と省察をもとに、障害児支援者の専門性について考察する機会が与えられることで、自身が保有する資格のつよみを発揮させながら、足りない知識・技術等を習得しようとする主体的な態度が醸成されていくと思われます。こうしたプログラムを定期的に行いながら、障害児支援者コンピテンシーが獲得されていくような研修を定期的・継続的に行っていくことが重要であると考えました。そこで、障害児支援者コンピテンシーを4つの領域に分け、プログラムに導入する内容を考案しました。

2 障害児支援者の初期キャリアとコンピテンシーに着目したプログラムの開発

Ⅰ　コンピテンシー「関心・意欲・態度」

表2　コンピテンシー「関心・意欲・態度」の内容と方法

内容	方法
この仕事を選んだ理由	この仕事を選んだ理由について仲間と共有する。先輩支援者がなぜこの仕事に就いたかという話やこれまで続けてきたモチベーションになる話を聴く。
理想の支援者像	自分はどんな支援者になりたいかを考えるワークを行い、理想の支援者像を描くワークを行う。「子どもにとって」「家族にとって」。

筆者作成

Ⅱ　コンピテンシー「知識・技術」

表3　コンピテンシー「知識・技術」の内容と方法

内容	方法
私の業務と役割	今の自分の業務内容と役割について確認する。
障害児支援者の専門性	自身のこれまでの経験をもとに障害児支援者の専門性とは何か仲間と共に考えるワークを行う。
業務に必要な知識	業務を行う中で得た知識と自分に足りない知識を出し合うワークを行う。
業務に必要な技術	業務を行う中で得た技術と自分に足りない技術を出し合うワークを行う。
他機関との連携	障害児が併行通園する保育所・幼稚園・認定子ども園の支援者との連携の事例から、児童発達支援センターに従事する支援者の役割を考察する。

筆者作成

Ⅲ　コンピテンシー「社会人基礎力」

表4　コンピテンシー「社会人基礎力」の内容と方法

内容	方法
障害児支援者の社会人基礎力	学生時代と比較して児童発達支援センターに勤務するようになって身についたものと、まだ身についていないと感じているものをあげ、仲間と共有する。
業務遂行力	自己評価をもとに行動目標を考えてみる。仲間と共有しながら、どのような行動変容が可能な方法について意見を出し合う。
ストレスマネージメント	どのような時にストレスを感じるか、ストレスマネージマントの方法等を仲間と話し合う。

筆者作成

Ⅳ　コンピテンシー「実践と省察」

表5　コンピテンシー「実践と省察」の内容と方法

内容	方法
実践を語り合う	仲間と実践の語り合いを行い、実践をふりかえる機会を提供する。ファシリテーター（外部の専門家又は児童発達支援管理責任者等）は、リラックスした雰囲気づくりに努め、それぞれが実践を語り、仲間の語りに耳を傾けることができるようコーディネートする。業務を通して「悩んでいること」と「やりがいや喜び」について仲間と共有することで、自らの気づきを生み出し、省察の機会につなげる。子どもや家族とのかかわり、地域の支援機関との連携を通して発生する悩み・戸惑い・葛藤に向き合うことの大切さに気づき、主体的に専門性を高めようとする姿勢やキャリア形成を図ろうとする意識を醸成する機会とする。

筆者作成

第3節　おわりに

　2022（令和4）年11月現在、開発したプログラムで月一度の初期キャリア支援者とメンターとなる先輩の支援者を交えた研修会をオンラインで実施しています。今後は、研修内容をさらに考案した上で、初期キャリア支援者の研修用テキストを作成する予定です。作成したテキストを用いて、研修プログラムを実践し、その効果を検証することを今後の研究課題としたいと思います。

＜付記＞

　本研究は、科研費研究「早期支援サービスの質の向上を目指した障害児支援者コンピテンシーモデルの開発」（2016〜2018年度、基盤研究Ｃ、研究代表者：藤田久美）「障害児支援者の初期キャリアとコンピテンシーに着目した専門職養成プログラムの開発」（2019〜2022年度、基礎研究Ｃ、研究代表：藤田久美）の一部であり、日本学術振興会から助成を受けました。

【引用文献】

藤田久美「幼児期の障害児通所支援に携わる支援者の専門性向上のためのコンピテンシーモデルの検討」『山口県立大学社会福祉学部紀要』25号、2019年

藤田久美「障害児支援に携わる支援者の専門性の探求―コンピテンシーに着目した検討を通して―」『第73回日本保育学会大会論文集』2020年

藤田久美・永瀬開「初期キャリアにある障害児支援者の専門性の獲得過程」『山口県立大学社会福祉学部紀要』27号、2021年

藤田久美「障害児支援者の初期キャリアにおけるコンピテンシー形成に関する研究」『第74回日本保育学会大会論文集』2021年

藤田久美「初期キャリアにある障害児支援者を対象とした研修プログラムの開発」『第75回日本保育学会大会論文集』2022年

池田雅子「社会福祉実習教育における学生の自己コンピテンス・アセスメントの活用について：コンピテンス評価結果の分析を通して」『北星学園大学社会福祉学部北星論集』42、2005年

宗村美江子「チーフナースのコンピテンシー―虎の門病院におけるコンピテンシーモデルの開発とその活用」『看護管理』17（10）、2007年

宗村美江子、笠松由佳「第1章コンピテンシーの概要」虎の門病院看護部編『看護管理者のコンピテンシー・モデル―開発から応用まで』医学書院、2013年

武村雪絵、佐藤博子「第3章コンピテンシーを活用した看護管理者の能力
　　開発と実践支援」武村雪絵編『看護管理に活かすコンピテンシー──成
　　果につながる〈看護管理力〉の開発』メヂカルフレンド社、2014年
高山静子「コンピテンシー理論に基づく保育士養成課程の考察」『全国保育
　　士養成研究』第26号、2009年

◆執筆者紹介（執筆順）

濱中啓二郎（はまなか・けいじろう）‥‥‥‥‥‥‥‥‥‥‥‥［第1章］
　　貞静学園短期大学専任講師

小尾麻希子（おび・まきこ）‥‥‥‥‥‥‥‥‥‥‥‥‥‥‥‥［第2章］
　　武庫川女子大学短期大学部准教授

金 美珍（きむ・みじん）‥‥‥‥‥‥‥‥‥‥‥‥‥‥‥‥‥［第3章］
　　埼玉純真短期大学専任講師

橋本 樹（はしもと・たつき）‥‥‥‥‥‥‥‥‥‥‥‥‥‥‥［第4章］
　　横浜高等教育専門学校専任教員

永井勝子（ながい・かつこ）‥‥‥‥‥‥‥‥‥‥‥‥‥‥‥‥［第5章］
　　福岡こども短期大学教授

門脇早聴子（かどわき・さきこ）‥‥‥‥‥‥‥‥‥‥‥‥‥‥［第6章］
　　兵庫教育大学大学院講師

長谷秀揮（はせ・ひでき）‥‥‥‥‥‥‥‥‥‥‥‥‥‥‥‥‥［第7章］
　　四條畷学園短期大学教授

歌川光一（うたがわ・こういち）‥‥‥‥‥‥‥‥‥‥‥‥‥‥［第8章］
　　聖路加国際大学大学院准教授

稲木真司（いなぎ・しんじ）‥‥‥‥‥‥‥‥‥‥‥‥‥‥‥‥［第8章］
　　名古屋女子大学准教授

佐久間美智雄（さくま・みちお）‥‥‥‥‥‥‥‥‥‥‥‥‥‥［第9章］
　　東北文教大学短期大学部教授

藤田久美（ふじた・くみ）‥‥‥‥‥‥‥‥‥‥‥‥‥‥‥‥‥［第10章］
　　山口県立大学教授

現代保育内容研究シリーズ⑥

保育をめぐる諸問題Ⅳ
保育・教育の実践研究

2023年2月25日　初版第1刷発行

編　者　現代保育問題研究会
発行者　小野道子

発行所　株式会社 一藝社
〒 160-0014 東京都新宿区内藤町1-6
Tel. 03-5312-8890　Fax. 03-5312-8895
E-mail：info@ichigeisha.co.jp
HP：http://www.ichigeisha.co.jp
振替　東京 00180-5-350802
印刷・製本　株式会社丸井工文社